英語 L&R レベル別問題集

ENGLISH LISTENING & READING WORKBOOK —STEP BY STEP—

6

最上級編

TOP LEVEL

SPEAKING WRITING LISTENING READING

S W R L

東進ハイスクール・東進衛星予備校 講師

安河内哲也

ハーバード大学 教育学修士

Andrew Robbins

東進ブックス

はじめに

Preface

『英語 L&R レベル別問題集』の世界へようこそ。本書は、「共通テスト」や「4技能試験」の対策をする皆さんが、良質な問題演習を通じて「リーディング」「リスニング」の能力を無理なく段階別に高めていけるように作られた、新しい問題集シリーズです。

本シリーズの刊行にあたっては、英検®・TEAP などの資格・検定試験を参考に、共通テストや4技能試験に共通してよく出題される形式の問題を多数作成。それを国際標準である「CEFR」という指標に対応させてレベル別に編成することで、**自分に合ったレベルから始めて段階的に実力を伸ばしていける**問題集になっています。

アイテム（問題文）作成にあたっては、日米の専門家の力を借り、4技能試験の出題形式に準拠した英文を作成しました。リーディングのアイテムとしては、アカデミックおよび一般的な内容を題材とし、空所補充・内容一致問題を作成。リスニングのアイテムとしては、会話文・ナレーション問題など、汎用性の高い形式の問題を作成しました。内容についても、皆さんが「アカデミック」な刺激を受けることができるよう、興味深い題材を選定しています。

アイテム作成後には、独自に開発された「語彙分析ソフトウェア」を用いて、各アイテムに使用した語彙と過去の4技能試験で使用された語彙の整合性を総チェックし、CEFR-J*とも連動性を確保するよう徹底しました。

さて、これから英語の学習をするうえで、皆さんに1つ心得てほしいことがあります。それは、**4技能（リーディング、リスニング、ライティング、スピーキング）を組み合わせて学習する**ことです。本書では、リーディングのアイテムにおいても、音声を用意しています。リーディングと音声を融合させて学習することは、英文を英文のまま処理する能力を高め、同時にリスニング能力を高めることにもつながります。また、限られた時間の中で多くの情報を処理することが求められるこれからの大学入試では、「返り読み」をせず、チャンク（情報のまとまり）ごとに理解していくことも非常に重要になります。本書では、その練習ができるように、チャンクごとに英語と日本語を対にして掲載した「速読練習」のページと、チャンクごとに英文を読み上げた音声を用意しています。問題を解いたあとは、学んだ英文素材を「耳」で確認し、定着させましょう。

本書は、直近の大学入試対策はもちろん、将来社会に出たときにも役立つ本物の英語力が身につくよう、様々な工夫を詰め込んだ新しい問題集です。この本で英語力を高めた皆さんが、将来、世界を舞台に大活躍することを、心から応援しています。

2021年2月
安河内哲也

※CEFR-J…東京外国語大学の研究チームを中心に開発された、CEFR（ヨーロッパ言語共通参照枠）を日本のような環境に応用するための枠組み。CEFR に対応する語彙リストを一般に公表している。

本書の特長
Good Points of This Book

１ 新時代の英語入試に対応した 新しい問題集！

本シリーズでは，共通テストや英検®・TEAPなどの４技能試験を参考に，各種試験でよく出題される形式のリーディング・リスニング問題を多く収録しました。リーディングのアイテム（問題文）では，空所補充・内容一致問題の計15長文を用意。リスニングのアイテムとしては，会話文・ナレーション問題を計40題用意しました。

問題集のアイテム作りにおいては，「**TLU**（Target Language Use）：目標使用言語領域」の設定が非常に重要です。例えば，TLUが「アカデミック」の場合は「大学生活で遭遇する語彙・場面・分野」が，「ジェネラル」の場合は「日常生活で遭遇する語彙・場面・分野」が，設問として出題されます。それぞれの試験のTLUは下図のように分類されます。本書では，TLUを「アカデミック」と「ジェネラル」の両方を含む範囲に設定してありますので，大学入試や英検をはじめとする４技能試験の出題分野を極めて効率的にカバーすることができます。

英語では，共通テストや各種の４技能試験，さらに各大学の個別入試など，様々なレベル・形式の試験に対応する力が求められるようになりますが，汎用性の高い形式・分野の問題を多数収録した本書で演習を積むことで，どんな試験にも十分に対応できるリーディング・リスニングの根本的な力が必ず身につきます。１つ１つ段階的に，レベルを上げていきましょう。

▼各資格・検定試験の TLU と本書の範囲

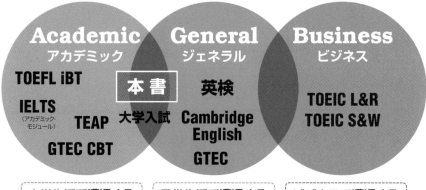

※「共通テスト」を含む大学入試のTLUは「アカデミック〜ジェネラル（一部）」の範囲です。

❷自分に合ったレベルから段階的にレベルアップ！

この『英語 L&R レベル別問題集』は、「レベル① 超基礎編」から、「レベル⑥ 最上級編」までの全6冊からなるシリーズです。本シリーズは、国際的な英語力の指標である CEFR（ヨーロッパ言語共通参照枠）のレベルに準拠し、制作しています。下表のとおり、CEFR では、下から順番に A1 → A2 → B1 → B2 → C1 → C2 の6段階で語学力が示されています。そし

て、各4技能試験は、その試験のスコアやバンドと CEFR との準拠性を検証し、公表しています。本書「⑥ 最上級編」は CEFR C1 レベルに準拠しており、これは英検1級合格レベル（英検CSE スコア 2600-3299）、TOEFL iBT95-120 点取得レベルにあたります。下表の➡の部分を基準に、自分が受験する4技能試験のレベルと本書のレベルを対比しながら、段階的に英語学習を進めていきましょう。

▼各資格・検定試験と CEFR との対照表 （出典：文部科学省HP〔平成30年3月〕）

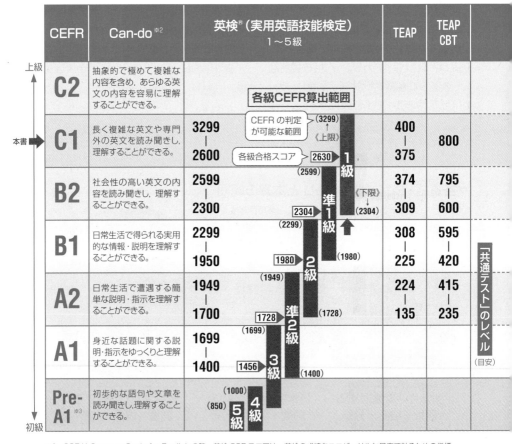

CEFR	Can-do ※2	英検®（実用英語技能検定）1〜5級		TEAP	TEAP CBT
C2	抽象的で極めて複雑な内容を含め、あらゆる英文の内容を容易に理解することができる。				
C1 ←本書	長く複雑な英文や専門外の英文を読み聞きし、理解することができる。	3299 | 2600	〈3299〉〈上限〉 2630 1級	400 | 375	800
B2	社会性の高い英文の内容を読み聞きし、理解することができる。	2599 | 2300	(2599) 2304 〈下限〉 (2304) 準1級	374 | 309	795 | 600
B1	日常生活で得られる実用的な情報・説明を理解することができる。	2299 | 1950	(2299) 1980 (1980) 2級	308 | 225	595 | 420
A2	日常生活で遭遇する簡単な説明・指示を理解することができる。	1949 | 1700	(1949) 1728 (1728) 準2級	224 | 135	415 | 235
A1	身近な話題に関する説明・指示をゆっくりと理解することができる。	1699 | 1400	(1699) 1456 (1400) 3級		
Pre-A1 ※3	初歩的な語句や文章を読み聞きし、理解することができる。	(1000) (850) 5級 4級			

上級 ↑　初級 ↓

各級CEFR算出範囲 ／ CEFR の判定が可能な範囲 ／ 各級合格スコア

「共通テスト」のレベル（目安）

※1…CSE は Common Scale for English の略。英検 CSE スコアは、英検の成績をユニバーサルな尺度で計るための指標。
※2…Can-do…実際の言語を使う場面で何がどの程度できるかを段階別に記述したもの。上表は「読むこと」「聞くこと」の一例。

3 充実の音声で「リスニング」を徹底強化できる！

「共通テスト」で配点が倍増したように，「リスニング」の重要性は今後ますます高まります。本書では，リスニングの力を効率的に高められるよう，良質なリスニング問題を多数収録すると同時に，リーディング問題の英文音声も収録し，一度読んだ英文を使って復習とリスニング強化が同時にできるよう工夫しました。

また，すべての音声は，同じ CEFR レベルにある4技能試験の音声と**同じ速度**（本書は英検1級の音声と同じ速度）で収録しています。何度も音声を聞き，目標レベルの音声速度に慣れましょう。

【参考】「共通テスト」で高まるリスニングの重要性

比較項目	令和2年度 センター試験本試験	令和3年度 共通テスト本試験
試験時間	30分	30分
配点	50点	100点
問題数	4題（25問）	6題（37問）
問題ページ数	10ページ	20ページ
読み上げ語数	約1100語	約1500語
読み上げ回数	すべて2回	第1・2問：2回 第3・4・5・6問：1回

※試験時間は同じで，問題数が増え，読み上げ回数は減り，リーディングと同じく100点満点になっています。

	GTEC Advanced Basic Core CBT	ケンブリッジ 英検	IELTS	TOEFL iBT	TOEIC L&R/ TOEIC S&W ※4	本書のレベル ①〜⑥
C2	各試験CEFR 算出範囲	230 | 200	9.0 | 8.5			
C1	1400 | 1350 （1400）	199 | 180	8.0 | 7.0	120 | 95	1990 | 1845	⑥ 最上級編
B2	1349 | 1190 （1200）	179 | 160	6.5 | 5.5	94 | 72	1840 | 1560	⑤ 上級編
B1	1189 | 960 （1000）	159 | 140	5.0 | 4.0	71 | 42	1555 | 1150	④ 中級編
A2	959 | 690 （840）	139 | 120			1145 | 625	③ 標準編
A1	689 | 270 （270）	119 | 100			620 | 320	② 初級編
Pre-A1						① 超基礎編

GTEC列内: Core / Basic / Advanced / CBT

※3…CEFR の「Pre-A1」は，英検4級・5級の範囲を示すために便宜的に設置した本書独自のレベル表示で，実際にはありません。
※4…TOEIC L&R/TOEIC S&R は，S&R のスコアを2.5倍にして合算したスコアで判定する。

本書の対象・レベル

Target and Level of This Book

1 本書の対象

- ☐ 英検「1級」合格を目指す人
- ☐ IELTS「7.0点以上」取得を目指す人
- ☐ TOEFL iBT「95点以上」取得を目指す人
- ☐ 上級レベルのリーディング・リスニングの強化をしたい人

2 本書のレベル

　本書は，CEFR C1 レベルを目指すみなさんを対象にしています。CEFR C1 レベルは，英検では「**1級**」合格レベルにあたり，**大学上級**程度のレベルといえます。

　リーディングでは，このレベルの英文を制限時間内に解く訓練をすることで，英検1級や難関大学の入試で出題されるレベルの長文をすらすらと読めるようになるでしょう。

　リスニングでは，音声を聞きながら要点をつかみとる練習（スキャニング），必要な情報を探し出す練習（スキミング）をしましょう。本書用のすべての音声（リーディングの音声を含む）は，英検1級のリスニングの音声速度と同じになっています。くり返し音声を聞くことで，目標とするレベルの速度に慣れ，リスニング力を高めていきましょう。

3 本書と CEFR の準拠性

　前頁のとおり，各4技能試験は CEFR との準拠性を検証・公表し，それにしたがって問題文の難易度を調整しています。CEFR にレベルを合わせる本書においても，収録するアイテム（問題文）と CEFR の語彙的な準拠性を確立する必要があります。そこで，アイテムの作成にあたっては，一般に公開されている CEFR-J の語彙データベースを活用して独自のソフトウェアを開発しました。このソフトウェアで英文を読み込むと，1つ1つの単語に対し，その単語の難易度（CEFR のレベル，英検の級など）が色付きで表示されます。この表示結果と，過去の4技能試験における単語の頻度分析を照らし合わせ，アイテム中に使用している単語の難易度を調整しています。

　このような機械によるアルゴリズム分析は近年飛躍的に発展し，語彙のレベルや文の複雑さなどを客観的に把握できるようになりました。しかしながら，語彙分析における最大の課題は，文脈からの判断です。つまり，英文の「文脈」を適宜とらえて各単語の意味を機械が正確に判別することは，現在の技術では極めて困難なのです。本書のアイテム作成においては，そのような機械測定の限界を念頭に置いたうえで，熟練したプロのエディター，ネイティブのライターによる精査を徹底し，CEFR や4技能試験との準拠性を確立しました。

ハーバード大学教育学修士
英文作成・監修　Andrew Robbins

本書の使い方

How to Use This Book

　本書には，リーディングの問題を計 10 題（Lesson 01 ～ 10），リスニングの問題を計 45 題（Lesson 11 ～ 15）収録しました。本書の構成と使い方は極めてシンプルです。以下のように，1 つずつ進めていきましょう。

リーディング（Lesson 01～10）

① 問題

←問題文と設問を読み，解答の番号にマークをしましょう。

② 解答・解説

←採点を行い，解説を読んで理解を深めましょう。

③ 要点整理

←音声を聞きながら，英文の空欄を埋め，段落ごとの要点を確認しましょう。

④ 速読練習

←チャンクごとに区切られた音声を聞き，英文を語順のまま理解し，和訳できるようにしましょう。

リスニング（Lesson 11～15）

① 問題

←音声を聞き，設問に答えます。解答の番号にマークをしましょう。

② 解答・解説

←採点し，スクリプトを読んで，音声の内容を再度確認しましょう。

((◀ 本書の音声 ◀))

本書用の英文音声は，東進 WEB 書店の本書ページから，無料でダウンロード [ストリーミング] できます。

▼東進 WEB 書店
www.toshin.com/books

▼パスワード（ログイン時に要入力）
hy27N12t

【収録音声】
◎ Lesson 01 ～ 10 リーディング
→英語長文音声（通常音声 / チャンクごとに英文和文を交互に読んだ音声）
◎ Lesson 11 ～ 15 リスニング
→問題・設問音声（1 回読みの通常音声）

もくじ・学習記録

Contents and Records of Study

英語 L&R レベル別問題集⑥ 最上級編

＊問題を解いたあとは得点と日付を記入し，学習の記録・指針などにご活用ください。

Part 1
Lesson 01–03

Reading

空所補充問題
Full-in-the-blank

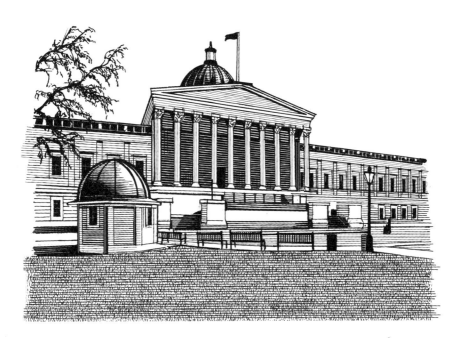

University College London

Lesson 01
問題
Questions

W 単 語 数 ▶ **394** 語

🕑 制限時間 ▶ **10** 分

✅ 目標得点 ▶ **20** /30点

DATE

▶次の英文を読み，その文意にそって (**1**) から (**3**) までの (   ) に入れるのに最も適切なものを **1**，**2**，**3**，**4** の中から 1 つ選びなさい。

Beneficial Viruses

The word "virus" is commonly associated with disease-causing agents such as Ebola and influenza. However, certain types of viruses have beneficial effects. One promising area of research is focused on using viruses to (**1**). In one experiment, two groups of mice were given antibiotics that wiped out most of their gut microbiome*—the bacteria that aid digestion and help warn the body when harmful organisms or substances enter it. One of the groups had previously been infected with norovirus, which causes diarrhea in humans but does not have the same effect in mice. Both groups were administered a potentially lethal dose of chemical that irritates the digestive tract. The survival rates for the group that had been infected with norovirus were significantly higher. This is likely because norovirus triggered the release of a protein that stimulates the body's natural defenses against disease and foreign invaders.

Another potential therapy makes use of viruses known as phages, which destroy bacteria. Many bacteria have developed immunity to antibiotics, and although phages can target only specific strains of bacteria, if implemented correctly, they are highly effective as a treatment for antibiotic-resistant "superbugs*." Currently, however, phages are (**2**). Matching a strain of phages to that of a given bacteria is time-consuming and difficult, so antibiotics, with their ability to target a wide range of organisms, are generally seen as superior. It's entirely likely, however, that if phage treatments can be refined, they will come to be seen as a viable alternative when all other options have been exhausted.

Finally, viruses are being proposed as a treatment for the deadly lung disease cystic fibrosis*. However, in this case, using viruses (　**3**　). Cystic fibrosis is caused by a gene mutation, and scientists have so far failed to find a way to replace the faulty gene with a healthy one. Since HIV is capable of adding genes to cells, if modified, HIV has the potential as a mechanism to alter the defective genes in cells affected by cystic fibrosis. The treatment was highly effective in studies on mice, but intentionally releasing HIV into the human body worries many scientists. Although the virus would be weaker than ordinary HIV and should not make people sick, fears about what would happen if it mutated and became deadly are deeply concerning.

*gut microbiome：腸内微生物叢（ヒトや動物の腸内に常在する微生物の集合体）
*superbug：スーパー耐性菌
*cystic fibrosis：嚢胞性線維症（粘り気の強い分泌物が肺などの働きを妨げる病気）

（**1**）　**1**　promote beneficial bacteria

　　　　2　stimulate the immune system

　　　　3　give warnings when other viruses enter

　　　　4　prevent sicknesses like diarrhea

（**2**）　**1**　used as a last resort

　　　　2　regarded as harmful

　　　　3　not well understood

　　　　4　prohibited by law

（**3**）　**1**　raises ethical concerns

　　　　2　has been less effective

　　　　3　does more harm than good

　　　　4　can trick the body

Answers & Explanations ☞

解答・解説
Answers & Explanations

青文字＝設問・選択肢の和訳　赤文字＝正解

☐ **(1)** **1** 有益な細菌の活性を高める

　　　　② 免疫系を刺激する

　　　　3 ほかのウイルスが侵入したとき警告を与える

　　　　4 下痢などの病気を防ぐ

解説▶第 1 段落第 4 ～ 6 文で言及されている実験では，致死性の薬品を投与された 2 つのグループのマウスの生存率が比較されている。第 1 段落の最後の文から，生存率の差は**ノロウイルスへの感染によって引き起こされた免疫力の違い**によると考えられるので，**2** が正解。

重要語句 ☐ immune（㊙ 免疫の）

☐ **(2)** **①** 最終手段として利用されている

　　　　2 有害と見なされている

　　　　3 十分に理解されていない

　　　　4 法律によって禁止されている

解説▶（ 2 ）の直後の文の「ファージの種類を細菌の種類と一致させるのは難しく，抗生物質の方がすぐれていると一般に考えられている」の内容と，第 2 段落の最後の文で「**それ（ファージ）はほかのすべての治療が使い尽くされたときに実現可能な選択肢と見なされる可能性が高い**」と言及されていることから考えて，**1** が正解。

☐ **(3)** **①** 倫理的な問題を引き起こす

　　　　2 効果がより少なかった

　　　　3 益より害の方が大きい

　　　　4 体をだます可能性がある

解説▶第 3 段落第 4 文で HIV（ヒト免疫不全ウイルス）は，改変すれば嚢胞性線維症の治療に役立つ可能性があることが述べられ，最後の 2 文で，**科学者たちは人体に投与した HIV が突然変異して致死的なものになることを懸念している**と説明されているので，**1** が正解。

ANSWER				
(1)	① ② ③ ④	**(2)**	① ② ③ ④	
(3)	① ② ③ ④			

SCORE	CHECK YOUR LEVEL
／30点	0 ～ 10点 ➡ *Work harder!*
	11 ～ 20点 ➡ *OK!*
（3問×各10点）	21 ～ 30点 ➡ *Way to go!*

【和訳】

有益なウイルス

❶「ウイルス」という言葉は一般にエボラやインフルエンザなどの病原体と関連している。しかし，あるタイプのウイルスには有益な効果がある。ある有望な研究分野は，免疫系の刺激へのウイルスの利用に注目するものである。ある実験で，2つのグループのマウスは，腸内微生物叢（消化を助け，有害な微生物や物質が体内に侵入した場合に体に警告するのに役立つ細菌）のほとんどを消し去る抗生物質を投与された。そのうち1つのグループは，以前ノロウイルス（人の体内では下痢を引き起こすが，マウスにはそのような影響をもたない）に感染していた。どちらのグループも，消化管を刺激して死に至る可能性のある量の化学薬品を投与された。ノロウイルスに感染していたグループの生存率は際立って高かった。これはノロウイルスが病気や異物の侵入に対する体の本来の防御反応を刺激するたんぱく質の放出の引き金になったからだと思われる。

❷ 可能性のある別の治療は，ファージという名で知られる細菌を破壊するウイルスを用いるものだ。多くの細菌は抗生物質に対する免疫をもつようになり，ファージは特定の種類の細菌しか狙うことができないが，正確に実行されれば抗生物質への耐性をもつ「スーパー耐性菌」の治療として大きな効果がある。しかし現在，ファージは最終手段として利用されている。ファージの種類を特定の細菌の種類と一致させるのは時間がかかって難しいため，広範囲の微生物を狙える抗生物質の方がすぐれていると一般に考えられている。しかしながら，ファージによる治療が改良されうるならば，それはほかのすべての治療が使い尽くされたときに実現可能な選択肢と見なされる可能性が完全に高い。

❸ 最後に，ウイルスは致命的な肺疾患である嚢胞性線維症の治療法として提案されつつある。しかしこの場合，ウイルスの利用が倫理的な懸念を引き起こす。嚢胞性線維症は遺伝子変異によって引き起こされるが，今までのところ科学者たちは欠陥遺伝子を健康な遺伝子と取り替える方法を見つけられていない。HIV は細胞に遺伝子を付け足すことができるので，もし（HIV を）改変したならば，嚢胞性線維症に冒された細胞中の欠陥遺伝子を変える手段としての可能性をもつ。その治療法はマウスの研究では非常に効果的だったが，人体に HIV を意図的に放出することには多くの科学者が懸念をもつ。そのウイルスは普通の HIV より弱いだろうし，人々を病気にすることはないはずだが，もし突然変異して致死的なものになった場合に起こることに関する懸念は非常に厄介である。

重要語句リスト

❶

disease-causing agent	
	名 病原体
antibiotics	名 抗生物質
wipe out ～	熟 ～を消し去る
organism	名 生物，微生物
norovirus	名 ノロウイルス
diarrhea	名 下痢
administer	動 ～を投与する
lethal dose	名 致死量
irritate	動 ～に刺激を与える
digestive tract	名 消化管
foreign invader	名 外部からの侵入者

❷

immunity	名 免疫
strain	名 品種，種類

❸

gene mutation	名 遺伝子変異
faulty gene	名 欠陥遺伝子
HIV	名 ヒト免疫不全ウイルス，エイズ・ウイルス
modify	動 ～（遺伝子など）を改変する，修正する
mutate	動 突然変異する

READING

Lesson 01
要点整理
Paragraph Summary

◀)) 音声 ▶ **L&R_LV6_01-Q**

▶音声を聞きながら，□～⑤の空欄を埋め，段落ごとの
　要旨を確認しましょう（解答は下部にあります）。

Beneficial Viruses

❶ ◇ **virus = disease-causing agents**

　　↔ certain types of viruses = have beneficial effects

　　• one experiment : two groups of mice were administered a potentially lethal dose of chemical

　　the group infected with norovirus→ the survival rates were higher

　　→ the release of a [① p_____] that stimulates the body's natural defenses

❷ ◇ **phages = another potential therapy**

　　→ highly effective : antibiotic-resistant [② "s_____"]

　　　↔ matching a strain of phages to that of a given bacteria is time-consuming and difficult

　　↔ antibiotics = superior

　　• if phage treatments can be [③ r_____] → be seen as a viable alternative

❸ ◇ **to treat diseases**

　　• viruses = a treatment for the deadly lung disease cystic fibrosis

　　(1) HIV has the potential to [④ a____] the defective genes in cells

　　(2) highly effective in studies on mice

　　　↔ ethical concerns :

　　　　releasing HIV into the [⑤ h____ b___]

【解答】　① protein　② superbugs　③ refined　④ alter　⑤ human body

【和訳】

有益なウイルス

❶　◇ **ウイルス＝病原体**

　　↩ あるタイプのウイルス＝有益な効果がある

　　・ある実験：２つのグループのマウスは，死に至る可能性のある量の化
　　　　　　　学薬品を投与された

　　　ノロウイルスに感染していたグループ→ 生存率がより高かった

　　　→ 体の本来の防御反応を刺激するたんぱく質の放出

❷　◇ **ファージ＝可能性のある別の治療**

　　→ きわめて効果的：抗生物質への耐性をもつ「スーパー耐性菌」

　　　　↩ ファージの種類を特定の細菌の種類と一致させることは，時間がか
　　　　　かって難しい

　　↩ 抗生物質＝よりすぐれている

　　・もしファージの治療法が改良されたら→ より実現可能な選択肢として
　　　　　　　　　　　　　　　　　　　　見なされる

❸　◇ **病気の治療のために**

　　・ウイルス ＝ 致命的な肺疾患である嚢胞性線維症の治療法

　　(1) HIV は細胞中の欠陥遺伝子を変える可能性をもつ

　　(2) マウスの研究では非常に効果的

　　　　↩ 倫理的な懸念：

　　　　　　HIV を人体に放出すること

Lesson 01
速読練習
Sight Translation

◀)) 音声 ▶ **L&R_LV6_01-ST**

英語	和訳
Beneficial Viruses	有益なウイルス
❶ The word "virus"	「ウイルス」という言葉は
is commonly associated	一般に関連している
with disease-causing agents	病原体と
such as Ebola and influenza.	エボラやインフルエンザなどの。
However,	しかし,
certain types of viruses	あるタイプのウイルスには
have beneficial effects.	有益な効果がある。
One promising area of research	ある有望な研究分野は
is focused on using viruses	ウイルスの利用に注目する
to stimulate the immune system.	免疫系の刺激に対する。
In one experiment,	ある実験で,
two groups of mice	2つのグループのマウスは
were given antibiotics	抗生物質を与えられた
that wiped out	消し去る
most of their gut microbiome	腸内微生物叢のほとんどを
—the bacteria	細菌
that aid digestion	消化を助ける
and help warn the body	そして体に警告するのに役立つ
when harmful organisms or substances enter it.	有害な微生物や物質が体内に侵入したときに。
One of the groups	そのうち1つのグループは
had previously been infected	以前感染していた
with norovirus,	ノロウイルスに,
which causes diarrhea in humans	人の体内で下痢を引き起こす
but does not have	しかし〜を持たない
the same effect	そのような影響
in mice.	マウスには。
Both groups were administered	どちらのグループも投与された
a potentially lethal dose of	死に至る可能性のある量の
chemical	化学薬品を
that irritates the digestive tract.	消化管を刺激する。

The survival rates	生存率は
for the group	グループでの
that had been infected with norovirus	ノロウイルスに感染していた
were significantly higher.	際立ってより高かった。
This is likely because	これは〜だからだと思われる
norovirus triggered	ノロウイルスが引き金になった
the release of a protein	たんぱく質の放出の
that stimulates the body's natural defenses	体の本来の防御反応を刺激する
against disease and foreign invaders.	病気や異物の侵入に対する。
❷ Another potential therapy	可能性のある別の治療は
makes use of viruses	ウイルスを利用する
known as phages,	ファージという名で知られる,
which destroy bacteria.	細菌を破壊する。
Many bacteria have developed immunity	多くの細菌は免疫をもつようになった
to antibiotics,	抗生物質に対する,
and although phages can target	そしてファージは狙うことができるが
only specific strains of bacteria,	特定の種類の細菌のみを,
if implemented correctly,	もし正確に実行されれば,
they are highly effective	それらは大きな効果がある
as a treatment	治療として
for antibiotic-resistant "superbugs."	抗生物質への耐性を持つ「スーパー耐性菌」の。
Currently,	現在,
however,	しかし,
phages are used	ファージは利用されている
as a last resort.	最終手段として。
Matching a strain of phages	ファージの種類を一致させることは
to that of a given bacteria	与えられた細菌の種類と
is time-consuming and difficult,	時間がかかって難しい,
so antibiotics,	そのため抗生物質は,
with their ability to target a wide range	広範囲を狙える
of organisms,	微生物の,
are generally seen as superior.	一般的によりすぐれていると考えられている。
It's entirely likely,	完全に可能性が高い,
however,	しかしながら,

that if phage treatments	もしファージによる治療が
can be refined,	改良されうるならば,
they will come	それらは〜になるだろう
to be seen as a viable alternative	実現可能な選択肢として見なされる
when all other options	ほかの全ての選択肢が〜なとき
have been exhausted.	使い尽くされた。
❸ Finally,	最後に,
viruses are being proposed	ウイルスは提案されつつある
as a treatment	治療法として
for the deadly lung disease cystic fibrosis.	致命的な肺疾患である嚢胞性線維症の。
However,	しかし,
in this case,	この場合,
using viruses raises	ウイルスの利用は引き起こす
ethical concerns.	倫理的な懸念を。
Cystic fibrosis is caused	嚢胞性線維症は引き起こされる
by a gene mutation,	遺伝子変異によって,
and scientists have so far failed	そして今までのところ科学者たちは失敗している
to find a way	方法を見つける
to replace the faulty gene	欠陥遺伝子を取り替える
with a healthy one.	健康なそれと。
Since HIV is capable of	HIV はできるので
adding genes to cells,	細胞に遺伝子を付け足すこと,
if modified,	もし (HIV が) 改変されたなら,
HIV has the potential	HIV は可能性を持つ
as a mechanism	手段として
to alter the defective genes	欠陥遺伝子を変えるための
in cells affected	冒された細胞中で
by cystic fibrosis.	嚢胞性線維症に。
The treatment was highly effective	その治療法は非常に効果的だった
in studies on mice,	マウスの研究では,
but intentionally releasing HIV	しかし意図的に HIV を放出することは
into the human body	人体中に
worries many scientists.	多くの科学者が懸念をもつ。
Although the virus	そのウイルスは〜だが
would be weaker	より弱いだろう

than ordinary HIV

and should not make people sick,

fears about

what would happen

if it mutated and became deadly

are deeply concerning.

普通の HIV より

そして人々を病気にすることはないはず,

〜についての懸念は

起こるであろうこと

もし突然変異して致死的なものになった場合

非常に厄介である。

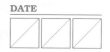

▶次の英文を読み，その文意にそって (1) から (3) までの (　　　) に入れるのに最も
適切なものを 1，2，3，4 の中から 1 つ選びなさい。

Counterfactual History

What if President John F. Kennedy had survived the assassin's bullet that took his life, or if Napoleon had been victorious at the Battle of Waterloo? Historians specializing in counterfactual history are turning such questions, which were once deemed idle speculation, into a serious field of research. By examining these "what if" situations, counterfactual history helps to counter the tendency to (　　**1**　　). Today, for example, America is considered the most powerful nation on Earth. During the first year of the American Revolution, however, George Washington's army was defeated by the British army at the Battle of Long Island and was surrounded by a superior force. It was only thanks to a sudden fog that the army eluded the British forces and survived to eventually win the war. An examination of what would have happened without the fog shows how important factors like the element of chance can be in history.

Proponents also see counterfactual history as a way to (　　**2**　　). Thinking about what might have happened is a common practice in almost all disciplines and aspects of life, as in the common experience of people wondering what their life might have been like had they married someone else. Similarly, by speculating about what might have happened had certain events not taken place, counterfactuals prove useful in determining the relative importance of those events.

There are, however, numerous criticisms of counterfactual history, such as the fact that it (　　**3**　　). When conventional historians interpret history, they meticulously examine various sources in order to achieve an evidence-based conception of a past event. Counterfactuals, by definition, never happened, so there can be no way to determine the accuracy of the argument being presented. Counterfactual historians respond that they base their speculations on data and records found in reputable sources the same way that traditional historians do. They generally follow a rule that limits their speculations to a single point of divergence with the actual event and ensure that the divergence is a highly plausible one. While counterfactual history may never be accepted by mainstream society as a serious discipline, it still has the potential to supplement traditional works of history and shed light on the past.

(1) **1** emphasize the recent past

2 see outcomes as inevitable

3 compare the past and present

4 ignore unpleasant facts

(2) **1** identify turning points

2 make history more popular

3 combine history with other subjects

4 learn from mistakes of the past

(3) **1** does not use historical documents

2 criticizes established theories

3 creates too much conflict

4 is impossible to verify

Answers & Explanations ☞

Lesson 02
解答・解説
Answers & Explanations

☐ **(1)** **1** 最近の過去を強調する

　　　　② 結果を必然的だと見なす

　　　　3 過去と現在を比較する

　　　　4 不愉快な事実を無視する

解説▶ **(1)** を含む文では，「**仮想の歴史は…する傾向に対抗するのに役立っている**」とあるため，仮想の歴史と対立する内容が正解と考えられる。「事実に反する仮想の歴史」に対立するものは「**確定した事実としての歴史**」で，その後に続く文の内容から判断して，**2** が正解。

☐ **(2)** ① 転換期を特定する

　　　　2 歴史の人気を高める

　　　　3 歴史をほかの主題と結びつける

　　　　4 過去の誤りから学ぶ

解説▶ 第2段落第3文の「**ある出来事が起こらなかったら何が起こっていたかを推測することで，仮想の歴史はそれらの出来事の相対的な重要性を決定するのに役立つことがわかる**」から考えて，**1** が正解。

☐ **(3)** **1** 歴史文書を使わない

　　　　2 定説を批判する

　　　　3 あまりにも多くの対立を招く

　　　　④ 実証することが不可能である

解説▶ 第3段落第3文で，「**仮想の歴史は一度も起こらなかったことだから，提示された論拠の正確さを決める方法は存在しえない**」と述べられていることから，**4** が正解。

ANSWER				
(1)	① ② ③ ④	**(2)**	① ② ③ ④	
(3)	① ② ③ ④			

SCORE	CHECK YOUR LEVEL
╱30点 （3問×各10点）	0〜10点 ➡ *Work harder!* 11〜20点 ➡ *OK!* 21〜30点 ➡ *Way to go!*

【和訳】

仮想の歴史

❶ もしジョン・F・ケネディ大統領が自分の生命を奪った暗殺者の銃弾から生き延びていたら，あるいはワーテルローの戦いでナポレオンが勝利していたら，どうなっていただろうか？　仮想の歴史を専門に扱う歴史家たちは，かつては無駄な憶測と考えられていたそのような問題を，本格的な研究分野に変えつつある。このような「もしも」の状況を研究することで，仮想の歴史は結果を必然的だと見なす傾向に対抗するのに役立っている。例えば今日，アメリカは世界で最も強力な国と見なされている。しかしアメリカ革命の最初 1 年間，ジョージ・ワシントンの軍はロングアイランドの戦いでイギリス軍に敗れ，優勢な部隊に包囲された。アメリカ軍がイギリス軍からのがれて生き延び，最終的に戦争に勝ったのは，突発的な霧のおかげにすぎなかった。霧がなければ何が起こっていたかを検討することは，偶然の要素などの因子が歴史においてどれほど重要でありうるかを示している。

❷ 提案者たちは，仮想の歴史は（歴史の）転換期を特定する方法であるとも考える。もしほかの誰かと結婚したら自分の人生はどうなっていただろうかと考える経験を誰でもしたことがあるのと同様に，（事実に反する仮定をもとに）何が起きていただろうかと考えることは，ほとんどすべての研究分野や生活の局面でよくある営みである。同様に，ある出来事が起こらなかったら何が起こっていたかを推測することで，仮想の歴史はそれらの出来事の相対的な重要性を決定するのに役立つことがわかる。

❸ しかし，仮想の歴史には実証することが不可能であることなどの，多数の批判がある。従来の歴史家が歴史を解釈するとき，彼らは証拠にもとづいて過去の出来事を理解するために様々な情報源を注意深く調べる。仮想の歴史は，当然一度も起こらなかったことだから，提示されている論拠の正確さを決める方法は存在しえない。仮想歴史家たちは，従来の歴史家と同様に，自らの考察が信頼できる情報源の中で発見されたデータや記録にもとづいて推測を行うと回答している。その考察は実際の出来事との相違点をただ 1 つに制限するという規則におおむね従っており，そしてその相違は非常に妥当なものであると保証する。主流の社会には仮想の歴史が真面目な学問としては決して受け入れられないかもしれないが，それでも従来の歴史の研究を補完し，過去を明らかにする可能性を秘めている。

重要語句リスト

❶

counterfactual	形 事実に反する，仮想の
assassin	名 暗殺者
specialize in ～	熟 ～を専門に研究する
deem ～ …	動 ～を…と思う
idle speculation	名 無駄な憶測
elude	動 ～をのがれる

❷

| proponent | 名 提案者，支持者 |
| discipline | 名 （学問）分野 |

❸

meticulously	副 注意深く
by definition	熟 当然，定義上
reputable	形 信頼できる
divergence	名 相違
plausible	形 妥当な，もっともらしい
shed light on ～	熟 ～に光を当てる，解明する

Lesson 02
要点整理
Paragraph Summary

◀)) 音声 ▶ **L&R_LV6_02-Q**

▶音声を聞きながら, 1〜5の空欄を埋め, 段落ごとの
要旨を確認しましょう（解答は下部にあります）。

Counterfactual History

❶ ◇ **counterfactual history**

→ deemed idle speculation

↔ helps to counter the tendency to see outcomes as [1 i_____]

→ shows how important factors like the element of chance can be in history

❷ ◇ **proponents**

・counterfactual history

(1) a way to identify [2 t_____ p_____]

(2) useful in determining the [3 r_____ i_____] of certain events

❸ ◇ **numerous criticisms = impossible to verify**

・counterfactuals never happened

→ no way to determine the accuracy

↔ counterfactual historians

(1) base their speculations on data and records found in [4 r_____ s_____]

(2) follow a rule that limits their speculation to a single point of divergence with the actual event

(3) ensure that the divergence is a highly plausible one

→ counterfactual history has the potential to [5 s_____] traditional works of history and shed light on the past

---

【解答】　1 inevitable　2 turning points　3 relative importance　4 reputable sources　5 supplement

【和訳】
仮想の歴史

❶ ◇ **仮想の歴史**

　　→ 無駄な憶測と考えられていた

　　↔ 結果を必然的なものと見なす傾向に対抗するのに役立つ

　　　→ 偶然の要素などが歴史においてどれほど重要な因子でありうるか
　　　　を示す

❷ ◇ **提案者たち**

　・仮想の歴史

　　(1) 転換期を特定する方法

　　(2) ある出来事の相対的な重要性を決定するのに役立つ

❸ ◇ **多くの批判＝実証不可能**

　・仮想の歴史は一度も起こらなかった

　　→ 正確さを決める方法は存在しない

　　↔ 仮想歴史家たち

　　(1) 自らの考察は信頼できる情報源の中で発見されたデータや記録にもと
　　　づいている

　　(2) その考察は実際の出来事との相違点をただ1つに制限するという規則
　　　に従っている

　　(3) その相違は非常に妥当なものだということを保証する

　　→ 仮想の歴史は従来の歴史の研究を補完し，過去を明らかにする可能性
　　　がある

Lesson 02
速読練習
Sight Translation

◀)) 音声 ▶ L&R_LV6_02-ST

英語	和訳
Counterfactual History	仮想の歴史
❶ What if President John F. Kennedy	もしジョン・F・ケネディが〜だったら，どうなっただろうか
had survived	生き延びたら
the assassin's bullet	暗殺者の銃弾から
that took his life,	彼の生命を奪った，
or if Napoleon had been victorious	あるいはもしナポレオンが勝利していたら
at the Battle of Waterloo?	ワーテルローの戦いで。
Historians	歴史家たちは
specializing in counterfactual history	仮想の歴史を専門に扱う
are turning such questions,	そのような問題を変えつつある，
which were once deemed idle speculation,	かつては無駄な憶測と考えられていた，
into a serious field	本格的な分野に
of research.	研究の。
By examining these "what if" situations,	このような「もしも」の状況を研究することで，
counterfactual history helps	仮想の歴史は役立つ
to counter the tendency	傾向に対抗するのに
to see outcomes as inevitable.	結果を必然的なものと見なす。
Today,	今日，
for example,	例えば，
America is considered the most powerful nation	アメリカは最も強力な国であると見なされている
on Earth.	世界で。
During the first year	最初の１年間
of the American Revolution,	アメリカ革命の，
however,	しかし，
George Washington's army was defeated	ジョージ・ワシントンの軍は敗れた
by the British army	イギリス軍に
at the Battle of Long Island	ロングアイランドの戦いで
and was surrounded	そして包囲された
by a superior force.	優勢な部隊に。

It was only thanks to a sudden fog	突発的な霧のおかげにすぎなかった
that the army eluded the British forces	その軍がイギリス軍からのがれた
and survived	そして生き延びた
to eventually win the war.	最終的に戦争に勝った。
An examination	検討は
of what would have happened	何が起こっていたかの
without the fog	霧がなければ
shows how important	どれほど重要かを示している
factors like the element of chance	偶然の要素のような因子が
can be in history.	歴史においてそうでありうる。
❷ Proponents also see	提案者たちは～とも考える
counterfactual history	仮想の歴史を
as a way	方法として
to identify turning points.	転換期を特定する。
Thinking about	～について考えることは
what might have happened	何が起きていただろうかと
is a common practice	よくある営みである
in almost all disciplines	ほとんどすべての研究分野で
and aspects of life,	そして生活の局面で，
as in the common experience of people	人々のよくある経験と同様に
wondering	考える
what their life might have been like	自分の人生はどうなっていたか
had they married someone else.	もしほかの誰かと結婚していたら。
Similarly,	同様に，
by speculating	推測することによって
about what might have happened	何が起こっていたかについて
had certain events not taken place,	ある出来事が起こっていなかったら，
counterfactuals prove useful	仮想の歴史は役立つことがわかる
in determining	～を決定するときに
the relative importance	相対的な重要性を
of those events.	それらの出来事の。
❸ There are,	～がある，
however,	しかし，
numerous criticisms	多数の批判が
of counterfactual history,	仮想の歴史の，

such as the fact	〜であるような
that it is impossible	それは不可能だ
to verify.	実証することが。
When conventional historians interpret history,	従来の歴史家が歴史を解釈するとき,
they meticulously examine various sources	彼らは様々な情報源を注意深く調べる
in order to achieve	達成するために
an evidence-based conception	証拠にもとづいた理解を
of a past event.	過去の出来事の。
Counterfactuals,	仮想の歴史は,
by definition,	当然,
never happened,	一度も起こらなかった,
so there can be no way	そのため方法は存在しえない
to determine the accuracy	正確さを決めるための
of the argument	その論拠の
being presented.	提示されている。
Counterfactual historians,	仮想歴史家たちは,
respond	回答する
that they base their speculations	彼らは自らの考察がもとづいている
on data and records	データや記録に
found in reputable sources	信頼できる情報源の中で発見された
the same way that traditional historians do.	従来の歴史家が行うのと同様の方法で。
They generally follow a rule	彼らはおおむね規則に従う
that limits their speculations	彼らの考察を制限する
to a single point	ただ 1 つの点に
of divergence	相違の
with the actual event	実際の出来事との
and ensure	そして保証する
that the divergence is a highly plausible one.	その相違は非常に妥当なものである。
While counterfactual history	仮想の歴史は〜だが
may never be accepted	決して受け入れられないかもしれない
by mainstream society	主流の社会によって
as a serious discipline,	真面目な学問として,
it still has the potential	それでもそれは可能性を秘めている

to supplement traditional works	従来の研究を補完する
of history	歴史の
and shed light	そして〜を明らかにする
on the past.	過去を。

READING

Lesson 03
問題
Questions

W 単語数 ▶ **400** 語

制限時間 ▶ **10** 分

✔ 目標得点 ▶ **20** /30点

DATE

▶ 次の英文を読み，その文意にそって (1) から (3) までの (　　　) に入れるのに最も適切なものを **1**，**2**，**3**，**4** の中から 1 つ選びなさい。

The Endangered Species Act

The Endangered Species Act (ESA) was passed with great fanfare in 1973, helping to protect critically threatened species in the United States, such as the bald eagle*. In addition to making it illegal to hunt or otherwise harm endangered species, the ESA also protects their habitats. Many experts claim, however, that it (　**1**　). Under the ESA, if an endangered species is found on a property, the owner of that property can be legally prohibited from developing, logging, or farming the land if doing so could in any way harm the species, such as by depriving it of shelter or food sources. Landowners, of course, will often act to maintain their property's value and will act to protect it. For example, economists have found that the presence of an endangered bird species known as the red-cockaded woodpecker* found within 1.6 kilometers of a property increased the odds that a logging operation would be carried out there by 25 percent. Landowners fear that if there is a suitable habitat on their property, it is vital to prevent the endangered species from moving there at all costs.

(　**2**　), there is often a gap of several months between a species being declared endangered and the designation of its critical habitats. During this period, landowners often resort to what is known as "shooting, shoveling, and shutting up," an expression that refers to killing and burying endangered species on their property and then keeping silent about what they have done. In such cases, the law actually provides an incentive for property owners to do the very thing it was intended to prevent.

If the ESA is to be made more effective, many believe it should (**3**). Farmers who, under the ESA, are no longer permitted to farm their land because there is an endangered species in the area will almost inevitably resent the presence of endangered species on the property. Therefore, there are those who suggest that if a property owner loses the ability to carry out revenue-generating activities on that land, then the owner should be fairly compensated. A similar approach would be to provide financial incentives to landowners who were able to attract endangered species to their land, changing the ESA from a regulation to be feared to one that promotes without penalty the common good of improving the environment.

*bald eagle：ハクトウワシ

*red-cockaded woodpecker：ホオジロシマアカゲラ（鳥の一種）

---

(1) **1** slows economic growth

 2 ignores many important species

 3 does more harm than good

 4 was actually unnecessary

(2) **1** To make matters worse

 2 Due to such problems

 3 In response to this situation

 4 Due to a misunderstanding

(3) **1** put animal rights first

 2 be made much stricter

 3 treat property owners more equally

 4 change people's perceptions

Answers & Explanations ☞

解答・解説
Answers & Explanations

◀))英文音声 ▶ **L&R_LV6_03-Q**

青文字＝設問・選択肢の和訳　赤文字＝正解

☐ **(1)**　**1**　経済成長を鈍化させる

　　　　　2　多くの重要な種を無視する

　　　　　③　益より害の方が大きい

　　　　　4　実際には不要だった

解説▶ (1) を含む文では「しかし多くの専門家は…と主張する」とあるので，この文の前後では反対の内容が説明されていると考えられる。第1段落第1〜2文では ESA が絶滅危惧種だけではなくその生息地も保護するという利点が説明されている。それに対し，第1段落第4文から第2段落では ESA の問題点が述べられている。したがって **3** が正解。

☐ **(2)**　**①**　さらに悪いことに

　　　　　2　そのような問題のせいで

　　　　　3　この状況に応えて

　　　　　4　誤解のせいで

解説▶ 第2段落では，第1段落に引き続き ESA の悪影響が説明されている。第2段落では地主たちが絶滅危惧種に対して暴力的な行動を取ることが述べられており，第1段落の内容よりもさらに悪い内容であると判断できるので，**1** が正解。

☐ **(3)**　**1**　動物の権利を優先する

　　　　　2　ずっと厳しいものにされる

　　　　　3　土地所有者をより平等に扱う

　　　　　④　人々の認識を変える

解説▶ 第3段落第3〜4文では，ESA のもとで地主に対して補償や奨励金を与える提案が述べられている。第3段落第4文では「ESA は恐ろしい規制ではなく，環境を改善するという公益を罰則なしで促進するためのものと見なされるようになる」とあるので，**4** が正解。土地所有者ごとに扱いが不公平だとは書かれていないので **3** は誤り。

ANSWER			
(1) ① ② ③ ④	(2)	① ② ③ ④	
(3) ① ② ③ ④			

SCORE	CHECK YOUR LEVEL
／30点	0 〜 10点 ➡ *Work harder!*
	11 〜 20点 ➡ *OK!*
(3問×各10点)	21 〜 30点 ➡ *Way to go!*

【和訳】

絶滅危惧種保護法

❶ 絶滅危惧種保護法（ESA）は，1973 年に大々的に宣伝されて可決され，ハクトウワシなどのアメリカで絶滅の危機に直面した種の保護に役立った。絶滅危惧種を狩猟の対象にしたりそのほかの方法で傷つけたりするのを違法とすることに加えて，ESA はそれらの種の生息地も保護する。しかし多くの専門家は，その法律は益より害の方が大きいと主張する。ESA のもとでは，ある土地で絶滅危惧種が見つかった場合，どんな形であれ絶滅危惧種から住みかや食料源を奪うなどによってその種に害を与える可能性があれば，所有者はその土地の開発，樹木の伐採，耕作を合法的に禁止されうる。当然，地主たちは自分の土地の価値を維持するためにたびたび行動を起こし，保護しようとする。例えば，経済学者によれば，ホオジロシマアカゲラという名の絶滅の危機に瀕した鳥が自分の土地から 1.6 キロメートル以内に生息している場合，その土地の木が伐採される可能性は 25パーセント増えたことがわかった。地主たちは，自分の敷地に適した生息地があるのならば，なんとしても絶滅危惧種がそこに移動しないようにすることが極めて重要ではないかと心配している。

❷ さらに悪いことに，ある種が絶滅の危機に瀕しているという宣告と，その絶滅の危機にある生息地の指定との間には，しばしば数ヵ月のずれがある。この期間中に，地主たちはしばしば「銃で撃ち，シャベルですくい，黙り込む」と呼ばれる手段に訴える。これは，自分の土地の絶滅危惧種を殺して埋め，自分のしたことを黙っておくという意味の表現である。そのような場合，実際にはその法律は，それが防ごうとしたまさにその行為を，（逆に）土地所有者に行わせるための動機を与えることになる。

❸ ESA をより効果的にしようとするのならば，人々の認識を変えるべきだと多くの人が信じている。ESA のもとでは，その地域に絶滅危惧種がいるせいで，もはや自分の土地で耕作することを許可されない農家は，自分の土地に絶滅危惧種がい

るという事実をほぼ必然的に恨むだろう。したがって，土地所有者がその土地で収益を生む活動を行えなくなる場合，所有者は公正に補償を受けるべきだと提案する人々もいる。同様の取り組みとして考えられるのは，自分の土地に絶滅危惧種を引き寄せることができた地主に奨励金を出すことであり，そうすれば ESA は恐ろしい規制ではなく，環境を改善するという公益を罰則なしで促進するものになるだろう。

重要語句リスト

❶

☐ with great fanfare
　　　　　　　　熟 派手な宣伝と共に
☐ habitat　　　　名 生息地
☐ property　　　名 （財産上の）土地
☐ log　　　　　　動 （ある地域の）木を伐採する

❷

☐ designation　　名 指定
☐ resort to 〜　　熟 〜（暴力など）に訴える
☐ shovel　　　　動 〜をシャベルですくう
☐ incentive　　　名 動機，誘因

❸

☐ resent　　　　動 〜を恨む，〜に憤慨する
☐ be fairly compensated
　　　　　　　　熟 公正に補償される
☐ common good　名 公益

▶音声を聞きながら、⃞1〜⃞5の空欄を埋めるもしくは適語を選び、
段落ごとの要旨を確認しましょう(解答は下部にあります)。

The Endangered Species Act

❶ ◇ **The Endangered Species Act (ESA)**

= (1) helped to protect critically threatened species

(2) protected their habitats

↔ many experts : [⃞1 good / harm] > [⃞2 good / harm]

the owner

legally prohibited from developing, logging, or farming
the land if doing so could harm the species

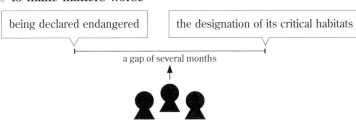

act : to maintain their property's value

fear : the endangered species will move in there

← a suitable habitat on their property

❷ ◇ **to make matters worse**

| being declared endangered | the designation of its critical habitats |

a gap of several months

landowners

→ [⃞3 k_ _ _ and b_ _ _] endangered species on their property

❸ ◇ **if the ESA is to be more effective**

→ should change people's [⃞4 p_ _ _ _ _ _ _ _ _ _]

→ resent the presence of endangered species

(1) the property owner should be compensated

(2) to provide [⃞5 f_ _ _ _ _ _ _ _ i_ _ _ _ _ _ _ _ _] to landowners who
were able to attract endangered species to their land

【解答】 ⃞1 harm ⃞2 good ⃞3 kill and bury ⃞4 perceptions ⃞5 financial incentives

【和訳】

絶滅危惧種保護法

❶　◇ 絶滅危惧種保護法（ESA）

=(1) 絶滅の危機に直面している種を保護するのに役立った

(2) それらの種の生息地を保護した

↔ 多くの専門家：害 ＞ 利益

地主

その種に害を与える可能性があれば，所有者はその土地の
開発，樹木の伐採，耕作を合法的に禁止される

行動：彼らの土地の価値を維持したい

恐れ：絶滅危惧種が彼らの土地に移動してくる

　　　← 彼らの土地が適した生息地

---

❷　◇ さらに悪いことに

絶滅の危機に瀕して
いるという宣言

危機的な生息地の指定

数ヶ月のずれ

地主たち

→ 所有地にいる絶滅危惧種を殺して埋める

❸　◇ ESA をより効果的にしようとするのならば

→ 人々の認識を変えるべきである

　　　→ 絶滅危惧種の存在を恨む（という認識）

→(1) 土地所有者は補償を受けるべきである

(2) 彼らの土地に絶滅危惧種を引き入れることができた地主に奨励金
を提供する

Lesson 03
速読練習
Sight Translation

◀)) 音声 ▶**L&R_LV6_03-ST**

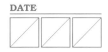

DATE

英語	和訳
The Endangered Species Act	**絶滅危惧種保護法**
❶ The Endangered Species Act (ESA)	絶滅危惧種保護法 (ESA) は
was passed	可決された
with great fanfare	大々的な宣伝と共に
in 1973,	1973 年に,
helping to protect	そして保護を援助した
critically threatened species	絶滅の危機に直面した種を
in the United States,	アメリカで,
such as the bald eagle.	ハクトウワシのような。
In addition to	～に加えて
making it illegal	違法とすること
to hunt	狩猟することを
or otherwise harm	あるいはその他の方法で傷つけること
endangered species,	絶滅危惧種を,
the ESA also protects	ESA は同様に保護する
their habitats.	彼らの生息地を。
Many experts claim,	多くの専門家は主張する,
however,	しかし,
that it does more harm	それは害が大きい
than good.	利益よりも。
Under the ESA,	ESA のもとでは,
if an endangered species is found	もし絶滅危惧種が見つかった場合
on a property,	ある土地で,
the owner of that property	その土地の所有者は
can be legally prohibited	合法的に禁止されうる
from developing, logging,	その土地の開発, 樹木の伐採,
or farming the land	あるいは耕作を
if doing so could	もしそうすることで起こりうるならば
in any way harm the species,	どんな形であれその種に害を与える,
such as by depriving it	それから奪うなどによって
of shelter or food sources.	住みかや食糧源を。
Landowners,	地主たちは,

of course,	もちろん，
will often act	たびたび行動を起こすだろう
to maintain their property's value	自分の土地の価値を維持するために
and will act	そして行動を起こすだろう
to protect it.	それを保護するために。
For example,	例えば，
economists have found,	経済学者は発見した，
that the presence	存在は
of an endangered bird species	ある絶滅の危機に瀕した鳥の種の
known as the red-cockaded woodpecker	ホオジロシマアカゲラという名で知られる
found within 1.6 kilometers	1.6 キロメートル以内で見つかった
of a property	土地の
increased the odds	可能性は増えたと
that a logging operation	伐採作業が
would be carried out there	そこで実行されるであろう
by 25 percent.	25 パーセント。
Landowners fear	地主は心配している
that if there is a suitable habitat	適した生息地があるのならば
on their property,	彼らの土地に，
it is vital	〜は極めて重要だ
to prevent the endangered species	絶滅危惧種が〜しないようにすること
from moving there	そこに移動することを
at all costs.	なんとしても。
❷ To make matters worse,	さらに悪いことに，
there is often a gap	しばしばずれがある
of several months	数ヵ月の
between a species being declared endangered	ある種が絶滅の危機に瀕しているとの宣告との間に
and the designation	指定との
of its critical habitats.	危機的な生息地の。
During this period,	この期間中に，
landowners often resort	地主たちはしばしば訴える
to what	〜ということに
is known as "shooting, shoveling, and shutting up,"	「銃で撃ち，シャベルですくい，黙り込む」という名で知られる，

an expression	表現
that refers to	～と呼ばれる
killing and burying	殺して埋めること
endangered species	絶滅危惧種を
on their property	彼らの土地の
and then keeping silent	そして黙り込むこと
about what they have done.	彼らがしたことについて。
In such cases,	そのような場合,
the law actually provides	実際にはその法律は～を与えている
an incentive	動機を
for property owners	土地所有者に対して
to do the very thing	まさにその行為をする
it was intended	それが～しようとした
to prevent.	防ぐことを。
❸ If the ESA	もし ESA が～ならば
is to be made more effective,	より効果的にしようとする
many believe	多くの人は信じている
it should change	変えるべきだ
people's perceptions.	人々の認識を。
Farmers who,	農家は,
under the ESA,	ESA のもとでは,
are no longer permitted	もはや許可されない
to farm their land	自分の土地で耕作することを
because there is an endangered species	絶滅危惧種がいるせいで
in the area	その地域に
will almost inevitably resent	ほぼ必然的に恨むだろう
the presence of endangered species	絶滅危惧種がいることを
on the property.	その土地に。
Therefore,	したがって,
there are those who suggest	～を提案する人々がいる
that if a property owner loses	もし土地所有者が～を失う場合
the ability	能力を
to carry out revenue-generating activities	収益を生む活動を行う
on that land,	その土地で,

then the owner	その場合所有者は
should be fairly compensated.	公正に補償を受けるべきだ。
A similar approach	同様の取り組みは
would be to provide	〜を支給することだろう
financial incentives	奨励金を
to landowners	地主に対して
who were able to attract endangered species	絶滅危惧種を引き寄せることができた
to their land,	彼らの土地に,
changing the ESA	ESA を変える
from a regulation	規制から
to be feared	恐れられる
to one	それ（規制）に
that promotes	〜を促進する
without penalty	罰則なしで
the common good	公益を
of improving the environment.	環境を改善するという。

Q 難解な単語をスムーズに覚える方法と，継続して学習するコツを教えてください。

A C1 レベルで受験者が一番苦しむのが，語彙のレベルが一気に上がるということです。このレベルになると，日常生活ではあまり見かけないような難解な単語が出てくることがあります。例えば，"agnostic" =「不可知論者の」といった単語が出題範囲に含まれてきます。この単語は，難しい文献などの中では見かけますが，日常生活の中ではほとんど見かけません。このような難しい単語を効率良く学習するために，次の2つを意識してみてください。

（1）英文の中で覚える

　例えば，先ほどの "agnostic" は「不可知論者の」という意味だ！とそのまま丸暗記しても，「不可知論者の」という言葉自体をどういう場面で使うのかはなかなかイメージできませんね。特に単語の難易度が上がれば上がるほど，使う状況が限定されてくるわけですから，その文脈の中で単語を覚えていくほうが効果的です。単語集であれば，単語と合わせて例文がついていますから，その例文とセットで覚えるとよいでしょう。

（2）コロケーションを意識する

　コロケーションとは，ある単語と単語のよく使われる組み合わせのことです。日本語でも，「服を着る」「靴を履く」とは言いますが，「服を履く」「靴を着る」とは言いませんね。英語にも同じように，よく使われる言い回しがあります。"listen to music" や "take a look" がその一例です。コロケーションを学習するときは，文章の中で単語を覚えたり，WEB で使用例を調べてみたりするといいでしょう。WEB の検索エンジンに単語を "〜" で囲んで入力する（例："take"）と，例文を検索することができますよ。

　以上の2つを意識した上で，パソコンやスマホ用のフラッシュカードアプリを活用するとよいでしょう。フラッシュカードをめくりながら，単語を思い出して自分の記憶を整理していくのです。私が英検1級を受験したときは，単語を手書きの情報カードに整理して，頭の中の知識を分類していましたが，今はアプリで整理したほうがより速く，より効果的に学習できますよ。

Part 2
Lesson 04–06

Reading

内容一致問題
Reading Comprehension

University of California, Berkeley

READING

Lesson 04
問題
Questions

W 単 語 数 ▶ **549** 語

⏱ 制限時間 ▶ **15** 分

☑ 目標得点 ▶ **20** /30点

▶次の英文の内容に関して，（1）〜（3）の質問に対する最も適切な答え（または文を完成させるのに最も適切なもの）を 1，2，3，4 の中から 1 つ選びなさい。

Block Booking

From the early 1920s until 1948, Hollywood movie studios and movie distribution companies fought to maintain a stranglehold on the US movie market. In those days, having a prominent movie star in a film virtually guaranteed box office* success, and a handful of large studios had swept up the best-known names in Hollywood. This gave them tremendous leverage in negotiating with the theaters that showed their movies: the studios instituted a system known as "block booking" in which they insisted that any theater wanting to show a movie with one of their popular stars also had to agree to show several other second-rate "B movies" that would be far less lucrative. Blocks often included a year's worth of movies. In many cases, some of the movies in the blocks had not even entered production, and theaters knew little more than the genre, actors, and basic plot. This practice guaranteed the studios' profits and put all of the risk on the theaters.

In 1930, the Supreme Court decided that the Hollywood studios were acting in violation of the law. Legislation to stop the studios' unfair practices was now on the books, but with the onset of the Great Depression and a drastic decline in box office receipts that hurt both studios and theaters, its enforcement was not feasible. President Franklin D. Roosevelt also sided with the studios, allowing them to take advantage of a law known as the National Recovery Act (NRA), which had been passed to ease regulations in order to help industries survive during the

Depression. The NRA permitted industries to create their own regulations, and the studios took advantage of this to come up with rules that endorsed block booking. Although the NRA was declared unconstitutional in 1935, the studios found ways to avoid the enforcement of existing legislation and counter the institution of new laws. It was not until 1948 that a landmark ruling in *United States v. Paramount Pictures, Inc.* finally put an end to block booking.

United States v. Paramount Pictures, Inc. also forced studios to sell theaters that they had owned. Previously, to take advantage of block booking and their theater ownership, studios had charged theaters low fees for movies, but as their production costs rose as a result of the ruling, so did the amounts they requested. Studios also began insisting that theaters had to turn over roughly 90 percent of the revenue generated during the beginning of a movie's run. As the movie continued to be shown, theaters were obligated to pay studios less and less. Even today, theaters only tend to see 20-30 percent of a movie's gross sales by the time it leaves a theater. According to award-winning entertainment journalist Claude Brodesser-Akner, this system has resulted in studios producing "movies with built-in demand... and the potential to open with a bang." However, it's also led to many formulaic films and an absence of innovation. Meanwhile, the relatively meager revenues that theaters generate require that the theaters pursue other means of profit aside from ticket sales to stay afloat. Thus, the outrageous prices that movie patrons pay at the snack bar for popcorn and other concessions are an unfortunate consequence of the system that was created to replace block booking.

*box office：チケットの売り上げ，興行成績

Questions
43

(1)　Because of Hollywood's "block booking" system

    1　independent movie theaters were forced to show movies that were less profitable in order to get access to the most popular films.

    2　many of the most famous actors in Hollywood were forced to appear in poor-quality movies that hurt their reputations.

    3　it took movies much longer to go into production because they had to be sold to movie theaters before filming could begin.

    4　moviegoers in some areas had no chance to see the most popular movies because their local theaters could only afford ones that were of lesser quality.

(2)　After laws were passed to end block booking in 1930,

    1　economic factors caused the government to rethink its decision, allowing the studios to maintain the practice for almost two decades.

    2　the Great Depression led many movie theaters to go bankrupt, causing them to realize the value of the block booking system.

    3　the National Recovery Act helped both theaters and the movie studios, making the block booking system unnecessary.

    4　they led to various other types of legislation that weakened the studios so much that many of them stopped producing movies entirely.

(**3**) What is one indirect result of *United States v. Paramount Pictures, Inc.*?

    1 Because studios make most of their money from the initial release of new movies, they are unwilling to take risks on movies that feature new ideas.

    2 Movie studios have not only demanded that theaters raise ticket prices but that they charge more for snacks as well.

    3 Because movie studios are making less money overall, they have attempted to improve the quality of the movies that they produce.

    4 Studios and theaters have begun to cooperate with each other to find innovative ways of attracting more patrons to movie theaters.

ANSWER		
(**1**) ① ② ③ ④	(**2**) ① ② ③ ④	
(**3**) ① ② ③ ④		

Answers & Explanations ☞

Lesson 04
解答・解説
Answers & Explanations

◀)) 英文音声 ▶ L&R_LV6_04-Q

青文字＝設問・選択肢の和訳　赤文字＝正解

□（1）　ハリウッドの「一括契約」システムが原因で，

① 独立した映画館は，最も人気の高い映画の上映権を得るために，より利益の少ない映画を上映することを強制された。

2 ハリウッドで最も有名な俳優の多くは，自分の評判に傷をつける低品質の映画に出演することを強制された。

3 映画は撮影を始める前に映画館に売る必要があったので，制作に入るにははるかに長い時間がかかった。

4 一部の地域の映画ファンは，地元の劇場により低品質の映画を上映する経費しかなかったために，最も人気の高い映画を見る機会が全くなかった。

解説 ▶ 第1段落第3文の「スタジオは「一括契約」という制度を設け，人気があるスターが出演する映画の上映を希望する劇場は，ほかのはるかに利益の出ない，二流の「B級映画」を上映することにも同意しなければならないと主張した」と第1段落の最後の文の「この慣習によりスタジオ側の利益は保証され，リスクのすべては劇場側が負担した」から考えて，**1** が正解。俳優が低品質の映画に出演することが強制されたという記述はないので，**2** は誤り。**3**，**4** は本文中に記述されていないので誤り。

□（2）　1930年に一括契約を終わらせる法律が可決されたあと，

① 経済的要因によって政府にその決定を再考させ，スタジオ側が20年近くその慣習を維持することを許した。

2 世界大恐慌によって多くの映画館が倒産し，その結果映画館は一括契約システムの価値を理解することになった。

3 全国復興法は劇場と映画スタジオの両方を助け，一括契約制度を不必要なものにした。

4 その法律はほかの様々な種類の法律を生み，そのためにスタジオ側は非常に弱体化したので，スタジオの多くは映画制作を完全に中止した。

解説 ▶ 第2段落第2文の「スタジオ側の不正な慣行を止める法律は有効となったが，世界大恐慌が始まり興行収入が激減してスタジオと劇場の両方に損害が出たため，その施行は実現不可能だった」と，第2段落の最後の文の「最終的に一括契約に決着をつけたのは，1948年の米国対パラマウント・ピクチャーズ社事件の画期的な判決だった」から判断する。法律が可決されたのは1930年で，1948年になるまで一括契約には決着がつかなかったことから，20年近く一括契約は続いていたことになる。したがってこの内容

に一致する **1** が正解。全国復興法は施行されたものの，スタジオ側はこれを利用して一括契約を承認する規則を作成していたため，**3** は誤り。スタジオ側は現行の法律の施行の回避や新しい法律の制定に対抗する方法を見つけたため，法律によって弱体化したとは考えにくい。したがって **4** は誤り。**2** は本文中に記述されていないので誤り。

□**(3)**　米国対パラマウント・ピクチャーズ社事件の 1 つの間接的な結果は何か。

① スタジオは新作映画の上映の初期に売り上げのほとんどを得るので，新しい着想を特徴とする映画で危険を冒すことをいやがる。

2 映画スタジオは，劇場にチケットの価格を上げるだけでなく軽食の値段も上げることを要求している。

3 映画スタジオは全体的にもうけが減っているので，制作する映画の品質を高めようと試みている。

4 スタジオと劇場は，映画館により多くの客を引き寄せるための革新的な方法を見つけるために互いに協力し始めている。

解説▶第 3 段落では，米国対パラマウント・ピクチャーズ社事件の判決によって生じた結果について説明されている。第 3 段落第 3 文の「**スタジオ側は，映画の上映の最初の期間中，劇場は生じた収益の約 90 パーセントを引き渡さなければならないと主張し始めた**」と，第 3 段落第 6 ～ 7 文の**もともと需要があって，華々しく公開されそうな映画の制作は，多くの型通りの映画や革新の欠如にもつながった**という内容から考えて，**1** が正解。第 3 段落の最後の文で劇場の軽食などの値段に法外な値段がつけられていると説明されているが，その理由は劇場の収入が減り，チケット販売以外の方法で収益を得なければならないためであって，スタジオから強制されているわけではないので，**2** は誤り。**3**，**4** は本文中に記述されていないので誤り。

ANSWER				SCORE	CHECK YOUR LEVEL
(1)	① ② ③ ④	**(2)**	① ② ③ ④	╱30点	0～**10**点 ➡ *Work harder!*
(3)	① ② ③ ④			(3問×各10点)	11～**20**点 ➡ *OK!* 21～**30**点 ➡ *Way to go!*

一括契約

❶ 1920 年代のはじめから 1948 年まで，ハリウッドの映画スタジオと映画配給会社は米国の映画市場の統制を維持する戦いを繰り広げた。当時は，著名な映画スターを映画に出演させることが事実上興行的成功を保証しており，ほんの一握りの大スタジオがハリウッドで最も有名な俳優をかき集めていた。これによって大スタジオは自らの映画を上映する劇場との交渉で強大な影響力を得た。それらのスタジオは「一括契約」という制度を設け，自分のスタジオの人気があるスターの 1 人が出演する映画の上映を希望するすべての劇場は，ほかの数本のはるかに利益の出ない，二流の「B 級映画」を上映することにも同意しなければならないと主張した。（契約の）ブロック内にはしばしば 1 年分の映画が含まれていた。多くの場合，ブロック内の映画の一部は制作さえ始まっておらず，劇場はジャンル，俳優，最小限の筋書きほどしかわからなかった。この慣習によりスタジオ側の利益は保証され，リスクのすべては劇場側が負担した。

❷ 1930 年，最高裁判所は，ハリウッドのスタジオが法律違反の行為をしていると判断した。スタジオ側の不正な慣習を止める法律は今や有効となったが，世界大恐慌が始まり興行収入が激減してスタジオと劇場の両方に損害が出たため，その施行は実現不可能だった。フランクリン・D・ルーズベルト大統領もスタジオ側に味方し，各業界が大恐慌の間生き残るのを助けるために，規則を緩和する目的で可決されていた全国復興法（NRA）という名の法律の利用をスタジオに認めた。NRA は業界が自前の規則を作ることを許可し，スタジオ側はこれを利用し一括契約を承認する規則を考案した。1935 年に NRA は憲法違反と宣告されたが，スタジオ側は現行の法律の施行を防いだり新しい法律の制定に対抗したりする方法を見つけた。最終的に一括契約に決着をつけたのは，1948 年の米国対パラマウント・ピクチャーズ社事件の画期的な判決だった。

❸ 米国対パラマウント・ピクチャーズ社事件によって，スタジオは自らが所有していた劇場を売ることも強制させられた。それ以前は，一括契約と自らの劇場所有権を利用するために，スタジオ側は劇場に安い映画料金を請求していたが，その判決の結果として映画の制作費が上がるにつれて，スタジオが求める額も上がった。またスタジオ側は，映画の上映の最初の期間中，劇場は生じた収益の約 90 パーセントを引き渡さなければならないと主張し始めた。映画を上映し続けるにつれて，劇場がスタジオに支払わなければならない料金は次第に減っていった。今日でも，それ（映画）が劇場を離れるまでに，劇場は映画の総売上額の 20 ～ 30 パーセントしか見込めない傾向がある。受賞歴のあるエンターテインメント記者のクロード・ブロデサー・アクナーによると，この制度は，スタジオが「もともと需要があって…，華々しく公開されそうな映画」を制作するという結果をもたらした。しかし，それは多くの型通りの映画や革新の欠如にもつながった。一方で，劇場は比較的わずかな収入しか稼げないため，劇場は商売を成り立たせるために，チケット販売とは別の方法で収益を求める必要がある。したがって，映画の常連客が軽食売り場でポップコーンに支払う法外な料金や，その他の売店は，一括契約に代わるものとして作られた制度の不幸な結果である。

重要語句リスト

❶

☐ block booking	名	一括契約
☐ stranglehold	名	抑圧，締め付け
☐ sweep up ～	熟	(ほうきなどで) ～を掃除する，かき集める
☐ leverage	名	影響力
☐ institute	動	～を制定する
☐ lucrative	形	もうかる

❷

☐ legislation	名	法律
☐ be on the books	熟	(法律が) 有効である
☐ onset	名	始まり
☐ enforcement	名	施行
☐ feasible	形	実行可能な
☐ side with ～	熟	～に味方する
☐ endorse	動	～を承認する，保証する
☐ unconstitutional	形	憲法違反の
☐ landmark	形	画期的な
☐ ruling	名	判決，裁定

❸

☐ turn over ～	熟	～を引き渡す
☐ built-in	形	本来備わった，固有の
☐ with a bang	熟	成功して，華々しく
☐ formulaic	形	型通りの，お決まりの
☐ stay afloat	熟	(商売が) なんとか成り立っている
☐ outrageous	形	(料金が) 法外な
☐ concession	名	売店，場内売り場

要点整理
Paragraph Summary

▶音声を聞きながら, ⬚1〜⬚7の空欄を埋め, 段落ごとの
要旨を確認しましょう（解答は下部にあります）。

Block Booking

❶　◇ **from the early 1920s until 1948**

・Hollywood movie studios and movie distribution companies

　→ fought to maintain a stranglehold on the US movie market

◇ **"block booking"**

・any theater wanting to show a movie with one $\left[\text{⬚1 p_____ s\_\_\_}\right]$

　(1) had to agree to show several other second-rate films

　(2) forced theaters to show films that had not even $\left[\text{⬚2 e_____}\right]$ production yet

❷　◇ **decided that the Hollywood studios were acting in violation of the law**

　⬚ in 1930

　・the Hollywood studios = in $\left[\text{⬚3 v_____}\right]$ of the law

　→ legislation to stop the studios' unfair practices

　⬚ the Great Depression

　・a drastic decline in box office receipts

　　→ the enforcement was not feasible

　・President Franklin D. Roosevelt sided with the studios

　　→ the National Recovery Act (NRA) :

　　　eased regulations in order to help industries survive

　⬚ in 1948 　*United States v. Paramount Pictures, Inc.*

　　　= $\left[\text{⬚4 p\_\_ an e\_\_}\right]$ to block booking

---

【解答】　⬚1 popular star　⬚2 entered　⬚3 violation　⬚4 put an end

【和訳】

一括契約

❶ ◇ **1920 年代のはじめから 1948 年まで**

・ ハリウッド映画スタジオと映画配給会社

　→ 米国の映画市場の統制維持のために戦った

◇ **"一括契約"**

・ 1 人の著名な俳優が出る映画の上映を希望するすべての劇場

　(1) ほかの数本の二流映画を上映することに同意しなければならなかった

　(2) まだ制作に入ってさえいない映画の上映を強制された

❷ ◇ **ハリウッドのスタジオが法律違反の行為をしていると判決された**

1930 年

・ ハリウッドのスタジオ＝法律違反

→ スタジオの不正な慣習を止める法律

世界大恐慌

・ 興行収入の激減

　→ 施行は実現不可能だった

・ フランクリン・D・ルーズベルト大統領はスタジオ側に味方した

　→全国復興法（NRA）：

　　業界が生き残るのを手助けするために規制を緩和する

1948 年　米国対パラマウント・ピクチャーズ社事件

　　　　＝一括契約に決着がついた

51

❸ ◇ **United States v. Paramount Pictures, Inc.**

　→ **forced studios to sell theaters that they had owned**

　| previously | 　studios : had charged theaters [5 l__ f___] for movies

　　　　　　　← to take advantage of block booking and their
　　　　　　　theater ownership

　| today | 　(1) as their production costs rose, so did the amounts they
　　　　　requested

　　　　(2) began insisting that theaters had to turn over roughly 90
　　　　　percent of the revenue generated during the beginning
　　　　　of a movie's run

　→ as the movie continued to be shown, theaters were obligated to
　pay studios less and less.

　↔ even today, theaters only tend to see 20-30 percent of a movie's
　gross sales

◇ **according to entertainment journalist Claude Brodesser-Akner** :

　studios : producing "movies with built-in demand and the potential to
　　　　open with a bang"

　　　　↔ many [6 f_____] films　and　an　absence　of
　　　　innovation

　↔ theaters : meager revenues

　　　　→ pursue other means of [7 p_____] aside from ticket
　　　　sales

　　　　e.g. : the outrageous prices for popcorn

❸　◇ **米国 vs. パラマウント・ピクチャーズ社事件**

　　→ スタジオが所有していた劇場を売却させた

　　以前　スタジオ：劇場に安い映画料金を請求していた

　　　　　　　　　← 一括契約と自らの劇場所有権を利用するため

　　今日　(1)映画の制作費が上がるにつれて求める額も上がった

　　　　　(2)映画の上映の最初の期間中，劇場は生じた収益の約90パーセ

　　　　　　ントを引き渡さなければならないと主張し始めた

　　→ 映画を上映し続けるにつれて，劇場がスタジオに支払わなければ

　　　ならない料金は次第に減っていった

　　↔ 今日でも，劇場は映画の総売上額の20〜30パーセントしか見込めな

　　　い傾向がある

◇ **エンターテインメント記者のクロード・ブロデサー・アクナーによると：**

　　スタジオ：「もともと需要があり，華々しく公開されそうな映画」を作

　　　　　　　る

　　　　　　　　↔ 多くの型通りの映画や革新の欠如

　　↔ 劇場：わずかな収入

　　　　　→ チケット販売以外の方法で収益を生まなければならない

　　　　　例：法外な料金のポップコーン

Lesson 04
速読練習
Sight Translation

 音声 ▶ **L&R_LV6_04-ST**

英語	和訳
Block Booking	**一括契約**
❶ From the early 1920s until 1948,	1920年代のはじめから1948年まで,
Hollywood movie studios and movie distribution companies	ハリウッドの映画スタジオと映画配給会社は
fought to maintain a stranglehold	統制を維持する戦いを繰り広げた
on the US movie market.	米国の映画市場への。
In those days,	当時は,
having a prominent movie star	著名な映画スターを出演させることは
in a film	映画に
virtually guaranteed box office success,	事実上興行的成功を保証していた,
and a handful of large studios	そしてほんの一握りの大スタジオは
had swept up the best-known names	最も有名な俳優をかき集めた
in Hollywood.	ハリウッドで。
This gave them	このことで彼ら（大スタジオ）は得た
tremendous leverage	強大な影響力を
in negotiating	交渉において
with the theaters	劇場との
that showed their movies:	彼らの映画を上映する。
the studios instituted a system	それらのスタジオは制度を設けた
known as "block booking"	「一括契約」として知られる
in which they insisted	彼らは主張した
that any theater wanting to show a movie	映画の上映を希望するすべての劇場は
with one of their popular stars	彼ら（スタジオ）の人気のあるスターの1人が出演する
also had to agree	同意もしなければならない
to show several other second-rate "B-movies"	ほかの数本の二流の「B級映画」を上映すること
that would be far less lucrative.	はるかに利益の出ない。
Blocks often included	（契約の）ブロック内にはしばしば〜が含まれていた
a year's worth of movies.	1年分の映画。
In many cases,	多くの場合,
some of the movies	映画の一部は

in the blocks	ブロック内の
had not even entered production,	制作さえ始まっておらず,
and theaters knew	劇場はわからなかった
little more than	～ほどしか
the genre, actors, and basic plot.	ジャンル，俳優，最小限の筋書き。
This practice guaranteed the studios' profits	この慣習はスタジオ側の利益を保証した
and put all of the risk	そしてリスクのすべてを課した
on the theaters.	劇場側に。
❷ In 1930,	1930 年に,
the Supreme Court decided	最高裁判所は判決した
that the Hollywood studios were acting	ハリウッドのスタジオは行為をしている
in violation of the law.	法律違反の。
Legislation to stop	～を止める法律は
the studios' unfair practices	スタジオ側の不正な慣習を
was now on the books,	今や有効となった,
but with the onset of the Great Depression	しかし世界大恐慌が始まったことで
and a drastic decline	そして激減した
in box office receipts	興行収入において
that hurt both studios and theaters,	スタジオと劇場の両方に損害が出た,
its enforcement was not feasible.	その施行は実現不可能だった。
President Franklin D. Roosevelt also sided	フランクリン・D・ルーズベルト大統領も味方した
with the studios,	スタジオ側に,
allowing them	彼らに認めた
to take advantage of a law	法律の利用を
known as the National Recovery Act (NRA),	全国復興法（NRA）という名で知られる,
which had been passed	可決されていた
to ease regulations	規則を緩和するために
in order to help industries survive	各業界が生き残ることを助ける目的で
during the Depression.	大恐慌の間。
The NRA permitted	NRA は許可した
industries to create	業界が作ることを
their own regulations,	自前の規則を,
and the studios took advantage of this	そしてスタジオ側はこれを利用した

to come up with rules	規則を考案するために
that endorsed block booking.	一括契約を承認する。
Although the NRA was declared unconstitutional	NRA は憲法違反だと宣告されたが
in 1935,	1935 年に,
the studios found ways	スタジオ側は方法を見つけた
to avoid the enforcement	施行を回避することを
of existing legistation	現行の法律の
and counter the institution	そして制定に対抗する
of new laws.	新しい法律の。
It was not until 1948	1948 年になって初めて
that a landmark ruling	画期的な判決は
in United States v. Paramount Pictures, Inc.	米国対パラマウント・ピクチャーズ社事件における
finally put an end	最終的に決着をつけた
to block booking.	一括契約に。
❸ *United States v. Paramount Pictures, Inc.* also forced studios	米国対パラマウント・ピクチャーズ社事件はスタジオに〜を強制もした
to sell theaters	劇場を売ること
that they had owned.	彼らが所有していた。
Previously,	それ以前は,
to take advantage of block booking	一括契約を利用するために
and their theater ownership,	そして彼らの劇場所有権を,
studios had charged theaters	スタジオ側は劇場に〜を請求した
low fees for movies,	安い映画料金,
but as their production costs rose	しかし映画の制作費が上がるにつれて
as a result of the ruling,	その判決の結果として,
so did the amounts they requested.	彼らが求める額も上がった。
Studios also began insisting	またスタジオ側は主張し始めた
that theaters had to turn over	劇場は〜を引き渡さなければならない
roughly 90 percent	約 90 パーセントを
of the revenue generated	生じた利益の
during the beginning of a movie's run.	映画の上映の最初の期間中。
As the movie continued	映画が〜し続けるにつれて
to be shown,	上映される,
theaters were obligated	劇場は〜する義務があった

to pay studios	スタジオに支払うことを
less and less.	次第に減少して。
Even today,	今日でも,
theaters only tend to see	劇場は〜しか見込めない傾向にある
20-30 percent	20 〜 30 パーセント
of a movie's gross sales	映画の総売上額の
by the time it leaves a theater.	それ（映画）が劇場から離れるまでに。
According to	〜によると
award-winning entertainment journalist	受賞歴のあるエンターテインメント記者
Claude Brodesser-Akner,	クロード・ブロデサー・アクナー,
this system has resulted in	この制度は〜という結果をもたらした
studios producing	スタジオが〜を制作する
"movies with built-in demand	「もともと需要がある映画
… and the potential to open with a bang."	…そして華々しく公開されそうな。」
However,	しかし,
it's also led to	それは〜にもつながった。
many formulaic films	多くの型通りの映画
and an absence of innovation.	そして革新の欠如。
Meanwhile,	一方で,
the relatively meager revenues	比較的わずかな収入は
that theaters generate	劇場が稼ぐ
require	必要がある
that the theaters pursue	劇場は〜を求める
other means of profit	別の方法での収益を
aside from ticket sales	チケット販売のほかに
to stay afloat.	商売をなんとか成り立たせるために。
Thus,	したがって,
the outrageous prices	法外な料金は
that movie patrons pay	映画の常連客が支払う
at the snack bar for popcorn	軽食売り場でポップコーンに
and other concessions	そしてその他の売店
are an unfortunate consequence	不幸な結果である
of the system	制度の
that was created	作られた
to replace block booking.	一括契約に代わるものとして。

READING

Lesson 05
問題
Questions

W 単語数 ▶ **509** 語
制限時間 ▶ **15** 分
目標得点 ▶ **20** /30点

DATE

▶次の英文の内容に関して，（1）～（3）の質問に対する最も適切な答え（または文を完成させるのに最も適切なもの）を **1**，**2**，**3**，**4** の中から１つ選びなさい。

Democracy in America

Published in 1835, Alexis de Tocqueville's *Democracy in America* is one of the most famous works of political philosophy ever written. Tocqueville sailed from his native France to America in 1831, ostensibly to study prisons for the French government, but his correspondence makes it clear his true objective was to gain an understanding of the newly emerging phenomenon of American democracy. Although impressed overall by what he saw, aspects of it were deeply disquieting to Tocqueville. Convinced that democracy was soon to prevail over the monarchies that had dominated Europe for centuries, Tocqueville felt it was imperative to examine what the implications and repercussions of the United States' democratic experiment would be for the rest of the world, so he set out to appraise the new nation and even prescribed remedies for what he saw as its shortcomings.

Tocqueville was particularly struck by the degree to which Americans were "restless in the midst of their prosperity." In the non-hierarchical society of America, where it was possible to quickly rise from rags to riches, many felt they were bound to improve their social status. With most professions open to anyone who had the work ethic and intellectual capacity to take them on, people yearned for social mobility and social betterment. Tocqueville felt that in France, where inequality was the rule rather than the exception, significant degrees of inequality attracted little attention, whereas in America, where society was more flat, people were extremely sensitive to the slightest degree of economic disparity. Tocqueville observed that this was "the reason for the strange melancholy often haunting democracies in the midst of abundance."

For Tocqueville, one of the foremost consequences of American democracy was "individualism," a term he used disparagingly. While having to strive for one's own betterment in a meritocracy* encouraged the positive trait of self-reliance, individualism also created a society where everyone acted in their own self-interest rather than for the common good. In contrast to hierarchical societies, like the one he had experienced in France, where, for example, landowners were reliant on the king above them and the laborers below them, the majority of citizens in the United States had a middle-class existence stable enough that they had little need to rely on others. While Americans saw their self-reliance as a virtue, Tocqueville argued, without reliance on others, there was nothing to create ethical bonds. In monarchies, the connections with those directly above and below gave a person a stronger sense of citizenship and of duty toward others. In America, however, Tocqueville saw a tendency for people to withdraw from public into private life. He feared that, eventually, it would lead to a situation in which highly developed bureaucratic structures and extremely abstract political ideas created a society in which people were "reduced to nothing better than a flock of timid and industrious animals, of which the government is the shepherd." Though nearly two centuries old, Tocqueville's discussions about subjects such as melancholy and political apathy remain highly relevant, even today.

Lesson
05

*meritocracy：能力主義，実力社会

Questions ☞

(**1**) What was the real reason that Alexis de Tocqueville came to America in 1831?

1 He sought to understand how prisons in a democratic country differed from those in countries such as France.

2 He thought it was important to understand democracy as it seemed likely to become more widespread in the future.

3 He hoped to show the monarchs of Europe what they needed to do in order to convert their countries into democracies.

4 He feared democracy, so he wanted to stop its spread to other countries by any means necessary.

(**2**) Tocqueville felt that the lack of hierarchy in America

1 brought sadness to many people because it caused them to be more aware of small differences in social status among individuals.

2 led to a system that caused many people to lose their prosperity by seeking to attain a position that was beyond their means.

3 was similar but inferior to the social system that ultimately gave rise to the monarchies in France and other European countries.

4 could help to improve the country in the future if people became more aware of the importance of treating people from other social classes as equals.

(3) Which of the following statements about individualism would Tocqueville most likely agree with?

1 Unless people develop a strong sense of independence, there is a danger that the government will increase significantly in power and control their lives.

2 In contrast to the situation in France, individualism created strong ethical connections between people in America that made them act as good citizens.

3 The more a country's citizens embrace individualism, the greater the danger that they will allow the government to control their lives.

4 While individualism is a beneficial characteristic in America, it would not be effective in helping people in other countries.

ANSWER		
(1) ① ② ③ ④	**(2)** ① ② ③ ④	
(3) ① ② ③ ④		

Answers & Explanations ☞

解答・解説
Answers & Explanations

☐ **(1)**　1831 年にアレクシ・ド・トクビルがアメリカに来た真の理由は何だったか。

1　彼は民主主義国の刑務所がフランスのような国々の刑務所とどのように異なるのかを理解しようとした。

②　民主主義は将来より普及するだろうと思われたので，彼はそれを理解することが重要だと思った。

3　彼は自国を民主主義国に変えるために何をしなければならないかをヨーロッパの君主に示すことを望んだ。

4　彼は民主主義を恐れていたので，必要とあればなんとしても他国にそれが広がるのを止めたかった。

解説 ▶第 1 段落の最後の文で「**民主主義が君主制よりも優勢になるだろうと確信したトクビルは，アメリカ民主主義の試みが世界のほかの地域にとってどんな意味や影響をもつかを調査することが必須だと感じた**」と説明されているので，**2** が正解。トクビルの表向きの目的はフランス政府のために刑務所を調べることとしていたが，民主主義国の刑務所を比較することが目的ではないため，**1** は誤り。**3**，**4** の内容は本文中に記述されていないので誤り。

☐ **(2)**　トクビルは，アメリカにおける社会階層の欠如は…と感じた。

①　多くの人々が個人間の社会的地位の小さな差をより意識する原因となるので，彼らに不幸をもたらす

2　身分の域を超えた地位を得ようとすることで，多くの人々が自分の繁栄を失う原因となるシステムを生む

3　類似してはいるが，最終的にフランスやほかのヨーロッパの国々での君主制のもととなる社会制度よりも劣ったものである

4　人々がほかの社会階級の人を対等に扱うことの重要性をより強く意識すれば，将来国を改善するのに役立ちうる

解説 ▶第 2 段落では，トクビルが階層社会のフランスと階層社会でないアメリカを比較した考えが述べられている。第 2 段落の最後の 2 文から，**アメリカの人々はわずかな経済格差にさえきわめて敏感であり，これが憂鬱の原因となっている**という内容が読み取れるので，**1** が正解。**2**，**3**，**4** の内容は本文中に記述されていないので誤り。

重要語句 　☐ beyond one's means（熟 身分不相応に）

□（**3**）　個人主義についてトクビルが最も同意しそうな見解は次のうちどれか。

　　1　人々が強い自立心を身につけない限り，政府の力が強大になり彼らの生活を
　　　　管理する危険がある。

　　2　フランスの状況とは対照的に，個人主義はアメリカ人の間に善良な市民として
　　　　行動させる強い倫理的関係を作り出した。

　　③　ある国の国民が個人主義を受け入れるほど，政府が自分の生活を管理するの
　　　　を許す危険は増す。

　　4　個人主義はアメリカでは有益な特性であるが，ほかの国の人々を助ける効果
　　　　はないだろう。

解説▶第3段落第7文の「**高度に発達した官僚機構ときわめて抽象的な政治思想が，人々**
に「**政府が羊飼いである，臆病で勤勉な動物の群れよりもましなものはない，という状態**
に成り下がる」社会をつくり出す状況に至るだろう」というトクビルの意見から考えて，**3**
が正解。**1** は政府が生活を管理する危険があるという内容は本文と一致するが，それは
自立心が高まることで起こるので誤り。第3段落第2～3文で，個人主義は万人が私利
私欲で行動する社会を作り上げ，他人に頼る必要がないために倫理的関係は作られない
という内容が述べられているので，**2** は誤り。第3段落の内容より，トクビルはアメリカ
では個人主義によって自立心が高められた一方で，それによる弊害が生まれたことを指
摘しているので，**4** は誤り。

重要語句　□ embrace（働 ～を受け入れる）

ANSWER		SCORE	CHECK YOUR LEVEL
（**1**）① ② ③ ④	（**2**）① ② ③ ④	╱30点	0～10点 ➡ *Work harder!*
			11～20点 ➡ *OK!*
（**3**）① ② ③ ④		（3問×各**10点**）	21～30点 ➡ *Way to go!*

【和訳】

アメリカの民主主義

❶ 1835年に出版されたアレクシ・ド・トクビルの『アメリカの民主主義』は、これまでに書かれた政治哲学書のうち最も有名なものの1つである。トクビルは1831年に故郷フランスからアメリカに出航した。表向きの目的はフランス政府のために刑務所を調べることだったが、真の目的はアメリカ民主主義という新たに出現している現象を理解することであったことが本人の通信文から明らかになっている。彼は見たものすべてに感銘を受けたが、その様相はトクビルに深い不安を抱かせるものだった。民主主義が何世紀にもわたってヨーロッパを支配していた君主制よりもやがて優勢になるだろうと確信したトクビルは、アメリカ民主主義の試みが世界のほかの地域にとってどんな意味や影響をもつかを調査することが必須だと感じた。そのため彼はその新興国の評価に着手し、彼がその欠点と見なしたことの改善策を指示することさえした。

❷ トクビルは、アメリカ人がいかに「繁栄のさなかに落ち着きがない」かに特に強い印象をもった。階層がなく、無一文から大金持ちにすばやくのし上がれるアメリカ社会では、多くの人が自分の社会的地位を向上させねばならないと感じていた。ほとんどの職業がその仕事に必要な労働倫理と知的能力をもつ万人に開放されている中で、人々は社会的流動性と社会的向上を切望した。不平等が例外ではなくむしろ普通であるフランスでは極度の不平等がほとんど無視されるのに対して、よりフラットな社会であったアメリカの人々はほんのわずかな経済格差にさえきわめて敏感だったとトクビルは感じた。これが「豊かさを謳歌する民主主義国家にしばしば付きまとう奇妙な憂鬱の理由」であるとトクビルは述べた。

❸ トクビルにとってアメリカ民主主義の主要な結果の1つは「個人主義」であり、その言葉を彼は軽蔑的な意味で使った。実力社会の中で自分自身の向上のために努力しなければならないという事実が自立という肯定的な特性を促進する一方

で、個人主義はまた万人が公益のためよりむしろ私利私欲で行動する社会を作り上げた。彼がフランス（そこでは、例えば地主は目上の王と目下の労働者たちに依存していた）で体験したような階級社会とは対照的に、アメリカの大多数の市民は他人に頼る必要がほとんどないほど安定した中流の生活を送っていた。アメリカ人は自立を美徳と考えたが、トクビルは他者への依存がなければ倫理的なきずなを作り出すものは何もないと主張した。君主制では、直接的な上下関係が、市民権についてのより強い意識と他人に対する義務感をもたらした。しかしアメリカでトクビルが見たものは、人々が市民としての生活から私生活へ引きこもる傾向だった。それは最終的に高度に発達した官僚機構ときわめて抽象的な政治思想が、人々が「政府が羊飼いである、臆病で勤勉な動物の群れよりもましなものはない、という状態に成り下がった」社会をつくり出す状況に至るだろうと彼は恐れた。2世紀近く前のものだが、憂鬱や政治的無関心などの問題に関するトクビルの議論は、今日の社会にも依然として大いに関係をもっている。

重要語句リスト

❶

ostensibly	働 表面上は
objective	图 目的
disquieting	形 不安をかき立てる
prevail over 〜	熟 〜より優勢になる
monarchy	图 君主制
implication	图 含意，密接な関係
repercussion	图 影響，反響
set out to *do*	熟 〜し始める
appraise	働 〜を評価する
prescribe	働 〜を指示する，処方する
remedy	图 改善策
shortcoming	图 欠点

❷

restless	形 落ち着かない，不安な
non-hierarchical society	图 階層のない社会
rise from rags to riches	熟 無一文から大金持ちになる
be bound to *do*	熟 〜しなければならない，〜する運命にある
take 〜 on	熟 (仕事)を引き受ける
yearn for 〜	熟 〜を切望する，〜に憧れる
haunt	働 〜に付きまとう

❸

foremost	形 第一位の，主要な
disparagingly	働 軽蔑して
self-reliance	图 自立，独立独歩
be reliant on 〜	熟 〜に依存している
existence	图 生活
withdraw	働 引きこもる
bureaucratic structures	图 官僚機構
reduce	働 〜を落ちぶれさせる
political apathy	图 政治的無関心

▶音声を聞きながら、①～⑦の空欄を埋め、段落ごとの
要旨を確認しましょう（解答は下部にあります）。

Democracy in America

❶ ◇ **Alexis de Tocqueville's** *Democracy in America*

= one of the most famous works of [① p_____ p_____]

• Tocqueville : sailed to America to study prisons for the French government

↔ true objective : to gain an understanding of the newly emerging phenomenon of <u>American democracy</u>

→ (1) convinced that democracy was soon to [② p_____]

(2) felt it was [③ i_____] to examine the implications and repercussions for the rest of the world

❷ ◇ **Tocqueville : Americans were "restless in the midst of their prosperity."**

• in the non-hierarchical society

→ possible to quickly rise from rags to riches

→ many Americans yearned for social mobility and social betterment

in America	in France
• extremely [④ s_____] to the slightest degree of economic disparity	• inequality was the rule rather than the exception

→ "the strange melancholy haunting democracies in the midst of abundance"

【解答】　① political philosophy　② prevail　③ imperative　④ sensitive

【和訳】

アメリカの民主主義

❶ ◇ アレクシ・ド・トクビルの『アメリカの民主主義』

　　＝政治哲学書のうち最も有名なものの１つ

　　・トクビル：フランス政府のために刑務所を研究しにアメリカへ出航した

　　　↔ 真の目的：<u>アメリカの民主主義</u>という新興現象を理解すること

　　→(1)民主主義はすぐに優勢になると確信した

　　　(2)ほかの地域にとっての意味や影響を調査することが必須だと実感した

❷ ◇ トクビル：アメリカ人は，「繁栄のさなかに落ち着きがない」

　　・階層のない社会

　　　→ 無一文から大金持ちにすばやくのし上がれる可能性がある

　　　→ 多くのアメリカ人が社会的流動性と社会的向上を切望した

アメリカ	フランス
・ ほんのわずかな経済格差にさえ，きわめて敏感である	・ 不平等は例外ではなく，むしろ普通であった

　　　→ 「豊かさを謳歌する民主主義国家に付きまとう奇妙な憂鬱」

❸ ◇ **American democracy = "individualism"**

→ having to strive for one's own betterment in a meritocracy

↔ created a society where everyone acted in their own 〔5 s___-i_____〕 rather than for the common good

• the majority of citizens :

　(1) a middle-class existence stable enough

　(2) see their self-reliance as a virtue

↔ Tocqueville : without reliance on others, there was nothing to create 〔6 e_____ b____〕

in monarchies

the connections with those directly above and below

→ a stronger sense of citizenship and of duty toward others

a tendency to 〔7 w_____〕 from public into private life

= "reduced to nothing better than a flock of timid and industrious animals"

in America

【解答】　5 self-interest　6 ethical bonds　7 withdraw

❸　◇ **アメリカの民主主義＝「個人主義」**

　　→ 実力社会の中で自分自身の向上のために努力しなければならない

　　↔ 万人が公益のためよりむしろ私利私欲で行動する社会を作り上げた

　　• アメリカの大多数の市民：

　　　⑴ 十分に安定した中流階級の生活

　　　⑵ 自立を美徳と見なす

　　↔ トクビル ： 他者への依存がなければ倫理的なきずなを作り出すもの

　　　　　　　　　は何もない

君主制

　　直接的な上下関係

　　→ 市民権についてのより強い意識と他人に対する

　　　義務感

　　　アメリカ

　　市民としての生活から私生活へ引きこもる傾向

　　＝「臆病で勤勉な動物の群れよりもましなものはな

　　　いという状態に成り下がった」

速読練習
Sight Translation

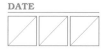

◀)) 音声 ▶ **L&R_LV6_05-ST**

DATE

英語	和訳
Democracy in America	アメリカの民主主義
❶ Published in 1835,	1835 年に出版された,
Alexis de Tocqueville's *Democracy in America*	アレクシ・ド・トクビルの『アメリカの民主主義』は
is one of the most famous works	最も有名な作品の 1 つだ
of political philosophy	政治哲学のうち
ever written.	これまでに書かれた。
Tocqueville sailed from his native France	トクビルは故郷フランスから出航した
to America	アメリカに向けて
in 1831,	1831 年に,
ostensibly to study prisons	表向きでは刑務所を調べるため
for the French government,	フランス政府のために,
but his correspondence makes it clear	しかし彼の通信文は明らかにしている
his true objective was to gain an understanding	彼の真の目的は理解することだった
of the newly emerging phenomenon	新たに出現している現象を
of American democracy.	アメリカ民主主義という。
Although impressed overall	すべてに感銘を受けたが
by what he saw,	彼が見たものに,
aspects of it were deeply disquieting	その様相は深い不安を抱かせるものだった
to Tocqueville.	トクビルにとって。
Convinced that	確信した
democracy was soon to prevail over the monarchies	民主主義はやがて君主制よりも優勢になる
that had dominated Europe	ヨーロッパを支配していた
for centuries,	何世紀にもわたって,
Tocqueville felt	トクビルは感じた
it was imperative to examine	調査することが絶対に必要だ
what the implications and repercussions	どんな意味や影響をもつか
of the United States' democratic experiment	アメリカ民主主義の試みが
would be for the rest of the world,	世界のほかの地域にとって,
so he set out to appraise	そのため彼は〜を評価することに着手した

the new nation	その新興国を
and even prescribed remedies	そして改善策を指示することさえした
for what he saw as its shortcomings.	彼がその欠点として見なしたことに対して。
❷ Tocqueville was particularly struck	トクビルは特に強い印象をもった
by the degree	～の程度に
to which Americans were "restless	アメリカ人は「落ち着きがない
in the midst of	～のさなかに
their prosperity."	彼らの繁栄の」。
In the non-hierarchical society	階層がない社会では
of America,	アメリカの,
where it was possible	そこでは可能だった
to quickly rise from rags to riches,	無一文から大金持ちにすばやくのし上がることが,
many felt they were bound to improve	多くの人は向上させねばならないと感じていた
their social status.	彼らの社会的地位を。
With most professions open	ほとんどの職業は開放されている中で
to anyone	万人に対して
who had the work ethic and intellectual capacity	労働倫理と知的能力をもっている
to take them on,	仕事を引き受けるために,
people yearned	人々は切望した
for social mobility and social betterment.	社会的流動性と社会的向上を。
Tocqueville felt that	トクビルは感じた
in France,	フランスでは,
where inequality was the rule	そこでは不平等が普通であった
rather than the exception,	例外ではなくむしろ,
significant degrees of inequality attracted little attention,	極度の不平等はほとんど関心を持たれなかった
whereas in America,	それに対してアメリカでは,
where society was more flat,	よりフラットな社会であった,
people were extremely sensitive	人々はきわめて敏感だった
to the slightest degree	ほんのわずかな度合いに対して
of economic disparity.	経済格差の。
Tocqueville observed	トクビルは述べた
that this was "the reason	これは「理由である
for the strange melancholy	奇妙な憂鬱の

Lesson
05

often haunting democracies	民主主義国家にしばしば付きまとう
in the midst of abundance."	豊かさのさなかにいる」。
❸ For Tocqueville,	トクビルにとって,
one of the foremost consequences	主要な結果の 1 つは
of American democracy	アメリカ民主主義の
was "individualism,"	「個人主義」だった,
a term he used disparagingly.	その言葉を彼は軽蔑的な意味で使った。
While having to strive	努力しなければならないということは～だが
for one's own betterment	彼らの自分自身の向上のために
in a meritocracy	実力社会の中で
encouraged the positive trait	肯定的な特性を促進した
of self-reliance,	自立という,
individualism also created a society	個人主義はまた社会を作り上げた
where everyone acted	そこでは万人が行動する
in their own self-interest	私利私欲で
rather than for the common good.	公益のためよりもむしろ。
In contrast to hierarchical societies,	階級社会とは対照的に,
like the one he had experienced in France,	彼が体験したフランスのような,
where,	そこでは,
for example,	例えば,
landowners were reliant	地主は依存していた
on the king above them	彼らの目上の王に
and the laborers below them,	そして彼らの目下の労働者たちに,
the majority of citizens	大多数の市民は
in the United States	アメリカの
had a middle-class existence	中流の生活を送った
stable enough	～ほど十分に安定した
that they had little need to rely	彼らが頼る必要がほとんどない
on others.	他人に。
While Americans saw their self-reliance	アメリカ人は自立を～と見なしたが
as a virtue,	美徳として,
Tocqueville argued,	トクビルは主張した,
without reliance on others,	他者への依存がなければ,
there was nothing	何もない
to create ethical bonds.	倫理的なきずなを作り出すものは。

In monarchies,	君主制では,
the connections	関係は
with those directly above and below	直接的な目上, 目下の
gave a person	本人に～を与えた
a stronger sense	より強い意識を
of citizenship	市民権についての
and of duty toward others.	そして他人に対する義務感を。
In America,	アメリカでは,
however,	しかし,
Tocqueville saw a tendency	トクビルは傾向を見た
for people	人々が
to withdraw	引きこもること
from public into private life.	公的な生活から私生活へと。
He feared that,	彼は恐れた,
eventually,	最終的に,
it would lead to a situation	状況を引き起こすだろう
in which highly developed bureaucratic structures	そこでは高度に発達した官僚機構
and extremely abstract political ideas	そしてきわめて抽象的な政治思想が
created a society	社会を作り出した
in which people were "reduced	そこでは人々が「成り下がった
to nothing better than a flock	群よりよいものはないという状態に
of timid and industrious animals,	臆病で勤勉な動物の,
of which the government is the shepherd."	政府が羊飼いである」。
Though nearly two centuries old,	2世紀近く前のものだが,
Tocqueville's discussions about subjects	トクビルの問題に関する議論は
such as melancholy and political apathy	憂鬱や政治的無関心のような
remain highly relevant,	依然として大いに関係をもっている,
even today.	今日においてさえも。

Lesson
05

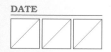

W 単 語 数 ▶ **525** 語
制限時間 ▶ **15** 分
☑ 目標得点 ▶ **20** /30点

DATE

▶次の英文の内容に関して，（ 1 ）〜（ 3 ）の質問に対する最も適切な答え（または文を完成させるのに最も適切なもの）を **1**，**2**，**3**，**4** の中から 1 つ選びなさい。

The Hexapod Gap

The Hexapod* Gap has long puzzled scientists. Hexapods, commonly known as insects, first evolved during the Devonian period, the geologic age between 419 and 358 million years ago. The first hexapod fossil dates from about 385 million years ago and is of a long, flightless insect with a segmented body, known as *Rhyniognatha hirsti*. However, there are staggeringly few hexapod remains from that time until the beginning of the Pennsylvanian period, about 325 million years ago. During the Devonian period, early arthropods, which evolved into today's spiders and scorpions, were abundant. During the Pennsylvanian period, however, winged hexapods suddenly flourished. Until recently, the Hexapod Gap was theorized to have been caused by either a lack of atmospheric oxygen or the absence of rocks suitable for hexapod fossilization. But when scientists at Stanford University looked into the Hexapod Gap, they found that previous studies of atmospheric oxygen had severely underestimated actual oxygen levels. Additionally, their survey of Devonian period rocks uncovered abundant materials for fossilizing hexapods.

Since the *Rhyniognatha hirsti* fossils are wingless, and most fossilized insects from the early Pennsylvanian period are able to fly, the researchers theorized that the advantage of becoming the first creature with the power of flight is the reason hexapods became common enough to leave a visible record in fossils. Stanford scientist Jonathan Payne explains, "The fossil record looks just how you would expect if insects were rare until they evolved wings, at which point they very rapidly increased in diversity and abundance." Researchers are now looking at the mechanics of how flying insects became so common in the Pennsylvanian period. Their efforts are being hampered, though, by the lack of transitional forms between wingless hexapods like *Rhyniognatha hirsti* and later hexapods with fully developed wings.

Scientists have therefore had to speculate about how wings developed. Perhaps wings first sprouted from circular structures that extended out of the torso on some insects, and were not connected with existing limbs. If these structures, known as paranotal lobes, had transformed into membranes, it would have allowed hexapods to glide down from trees. However, this area of the body lacks muscles, so the hypothesis does not explain how insects gained the ability to flap their wings. According to a second hypothesis, wings formed from structures resembling fish gills that were used for breathing and were attached to leg segments that later migrated to the hexapods' backs. Because the limbs had muscles, the theory supports the evolution of wings that insects could control, addressing the flaw in the paranotal lobe hypothesis. However, the gill-like structures occur only on aquatic insects, so it is unclear why they would have needed to fly. More recently, genetic studies have indicated that both paranotal lobes and the structures resembling gills in modern hexapods have DNA that is similar to that found in their wings. This has given support to a dual origin theory, which says that modern hexapod wings may have evolved through a combination of the two mechanisms. Nevertheless, until fossils that support one of these theories are found, no one will be sure how the wings that contributed so greatly to hexapod success evolved.

Lesson
06

*hexapod：六脚類（昆虫など，3対6本の脚を持つ節足動物の総称）

Questions ☞

(1) What did the Stanford University researchers discover about the Hexapod Gap?

1 It was caused by early arachnids being much better adapted to obtaining oxygen from the air than insects were.

2 Neither low oxygen levels nor a lack of suitable rocks for creating fossils are the reason for the lack of insect fossils.

3 The age of the *Rhyniognatha hirsti* fossil means that it actually appeared during the Hexapod Gap, when there were few rocks suitable for creating fossils.

4 It actually started in the Pennsylvanian period rather than in the Devonian period, as had been previously believed.

(2) Why has it been difficult to explain why winged insects became so common in the Pennsylvanian period?

1 Although researchers have examples of wingless and winged hexapods, they do not have examples of hexapods with partial wings.

2 The wings of the oldest known hexapods make it seem impossible that they could have evolved into the creatures that came later.

3 According to the fossil record, winged insects were becoming rarer and rarer during the Devonian period.

4 Having wings would not have given hexapods any type of advantage until much later in the Pennsylvanian period.

(**3**) What is one argument in favor of the idea that hexapod wings evolved
from gill-like structures on the insects' legs?

1 It makes it clear why DNA found in hexapod wings is also found
in both paranotal lobes and gill-like structures on aquatic insects.

2 It explains how hexapods developed the ability to flap their wings
when they are in flight.

3 It provides a mechanism that explains how hexapods would have
been able to glide down from the tops of trees.

4 It is more consistent with the fossils that have been found of
hexapods that have fully developed wing structures.

ANSWER								
(**1**)	①	②	③	④	(**2**)	①	②	③	④
(**3**)	①	②	③	④					

Answers & Explanations ☞

READING

Lesson 06
解答・解説
Answers & Explanations

◀)) 英文音声 ▶ **L&R_LV6_06-Q**

青文字＝設問・選択肢の和訳　赤文字＝正解

☐ **(1)** スタンフォード大学の研究者たちは，六脚類の空白について何を発見したか。

1 それは，昆虫よりも大気中から酸素を得ることにずっとうまく適応できる初期のクモ形類動物によって引き起こされた。

② 低い酸素濃度も化石を作り出すために適した岩石の欠如も，昆虫の化石がないことの理由ではない。

3 ライニオネーサ・ハースティの化石の時代は，それが化石を作り出すのに適した岩石がほとんどなかった六脚類の空白の期間に実際に出現したことを意味する。

4 以前信じられていたように，それは実際にはデボン紀よりもむしろペンシルベニア紀に始まった。

[解説]▶第1段落の最後の2文に書かれている発見の内容によれば，**酸素濃度は従来の研究で報告されているよりも低くなく，化石の形成に必要な岩石も豊富にあった**ことがわかる。したがって**2**が正解。またこのことから，デボン紀のライニオネーサ・ハースティの時代には，化石化に適した岩石は実際には豊富に存在していたので，**3**は誤り。初期のクモ形類生物が酸素を得ることに関する記述はないので，**1**は誤り。六脚類の空白がペンシルベニア紀に始まったと考える記述は本文中にないので，**4**は誤り。

[重要語句] ☐ arachnid（⑧ クモ形類動物）

☐ **(2)** 羽のある昆虫がペンシルベニア紀にそれほど広く分布するようになった理由を説明するのはなぜ難しいのか。

① 研究者たちは，羽のない六脚類と羽のある六脚類の標本を持っているが，部分的な羽を持つ六脚類の標本は持っていない。

2 最古の既知の六脚類の羽を見ると，それがのちに出現した生物へと進化したということはありそうにない。

3 化石の記録によると，羽のある昆虫はデボン紀にますます少なくなっていた。

4 羽を持つことは，ペンシルベニア紀のずっと後期まで六脚類にどんな種類の利点も与えなかっただろう。

[解説]▶第2段落の最後の文に「羽のない六脚類と完全に発達した羽を持つ六脚類との間の移行期の形態の昆虫が不足している」という内容があるので，**1**が正解。**2**は本文中に記述されていないので誤り。羽のある昆虫の数がデボン紀に減少したことは説明されていないので，**3**は誤り。第2段落第1文に，ペンシルベニア紀初期の六脚類が羽を持つこと

で飛行能力をもつ最初の生物になるという利点が得られることが記述されており，**4** はその内容に反するので誤り。

□**(3)** 六脚類の羽が，昆虫の脚に存在するえらに似た構造から進化したという考えを支持する 1 つの論拠は何か。

1 それは，六脚類の羽で発見された DNA がパラノタル葉と水生昆虫のえらに似た構造の両方でも見つかる理由を明らかにする。

② それは，飛行中に六脚類が自分の羽ではばたく能力をどのように発達させたかを説明する。

3 それは，六脚類がどのように木のてっぺんから下へ滑り降りることができたかを説明するしくみを提供する。

4 それは，発見されている完全に進化した羽の構造を持つ六脚類の化石とより一致している。

解説▶第3段落の第5〜6文に，2番目の仮説，つまり「えらに似た構造から羽が生じた」という仮説の内容が述べられている。この仮説によって，「**昆虫が操ることができる羽の進化を立証**」することができるため，**2** が正解。**1** は二重起源説に関する内容であり，えらに似た構造から進化した説を支持する論拠にはならないので誤り。**3** はパラノタル葉仮説について述べた内容なので誤り。**4** は本文中に記述されていないので誤り。

ANSWER		SCORE	CHECK YOUR LEVEL
(1) ① ② ③ ④	**(2)** ① ② ③ ④	/30点 (3問×各10点)	0〜10点 ➡ *Work harder!* 11〜20点 ➡ *OK!* 21〜30点 ➡ *Way to go!*
(3) ① ② ③ ④			

【和訳】

六脚類の空白

❶ 六脚類の空白は長い間科学者を当惑させている。一般に昆虫として知られる六脚類は，最初デボン紀（4億1900万年前〜3億5800万年前の地質時代）に進化した。最初の六脚類の化石は約3億8500万年前に遡り，分節した体を持った，長くて，飛べないライニオネーサ・ハースティという昆虫のものである。しかしそれ以来，約3億2500万年前のペンシルベニア紀の初期まで，六脚類の化石は驚くほど少ない。デボン紀の間は，今日のクモやサソリに進化した初期の節足動物が大量に生息していた。しかしペンシルベニア紀に突然，羽のある六脚類が繁栄した。最近まで六脚類の空白は，大気中の酸素の不足，または六脚類の化石化に適した岩石がなかったために引き起こされたと理論化されていた。しかしスタンフォード大学の科学者たちが六脚類の空白を調査したとき，以前の大気中の酸素についての研究が，実際の酸素濃度を大幅に少なく見積もっていたことに気づいた。さらに，彼らのデボン紀の岩石の調査によって，六脚類を化石化するための豊富な原料が発見された。

❷ ライニオネーサ・ハースティの化石には羽がないが，ペンシルベニア紀初期のほとんどの化石化した昆虫は飛ぶことができるので，飛行能力をもつ最初の生物になるという利点が，化石の中に明白な記録を残せるほど六脚類が広く分布するようになった理由だと研究者たちは理論化した。スタンフォード大学の科学者ジョナサン・ペインの説明によれば，「昆虫が進化して羽を持つようになるまで数が非常に少なく，羽を持った時点で種類も数も急増したとすれば，化石の記録はまさに予想どおりと思われる」。研究者たちは現在，ペンシルベニア紀に飛ぶ昆虫がどのようにしてそれほど広く分布したのかというしくみに目を向けている。しかし彼らの努力は，ライニオネーサ・ハースティのような羽のない六脚類と，のちの完全に発達した羽を持つ六脚類との間の移行期の形態が不足していることによって阻まれている。

❸ したがって科学者たちは，羽がどのように進化したかを考えねばならなかった。ひょっとすると羽は最初，一部の昆虫の胴体から伸びた円形構造から生えており，既存の手足と繋がっていなかったかもしれない。パラノタル葉という名のこれらの構造が皮膜に変形したならば，六脚類は木から滑るように降下できただろう。しかし体のこの部分には筋肉が不足しているため，その仮説では，昆虫がどのようにして自分の羽ではばたく能力を獲得したのかを説明できない。2番目の仮説によると，羽は呼吸に使われる魚のえらに似た構造から生じ，脚の節に付着してのちに六脚類の背中に移動した。手足には筋肉があったため，この説は，昆虫が操ることができる羽の進化を立証しており，パラノタル葉仮説の欠点に対処している。しかしえらに似た構造は水生昆虫にしか生じないため，それらの昆虫が飛ぶ必要がある理由は不明瞭である。さらに最近の遺伝子研究によって，パラノタル葉と現代の六脚類のえらに似た構造の両方が，羽で発見されたDNAと似たDNAを持つことがわかった。このことは，現代の六脚類の羽が2つのしくみの組み合わせによって進化したかもしれないという二重起源説を支持している。それでも，これらの説の1つを支持する化石が見つかるまで，六脚類の繁栄に非常に大きく貢献した羽がどのように進化したかについての確証は得られないだろう。

重要語句リスト

❶

☐ segmented	形	分節した
☐ arthropod	名	節足動物
☐ theorize	動	〜を理論化する
☐ underestimate	動	〜を少なく見積もる，過小評価する
☐ fossilize	動	〜を化石化する

❷

☐ hamper	動	〜を阻止する，妨害する

❸

☐ speculate about 〜	熟	〜について熟考する
☐ sprout from 〜	熟	〜から生まれる
☐ torso	名	胴体
☐ limb	名	（人・動物の）肢，手足
☐ membrane	名	膜
☐ gill	名	えら
☐ migrate	動	移動する
☐ aquatic	形	水生の
☐ dual	形	２つの，二重の

Lesson
06

要点整理
Paragraph Summary

▶音声を聞きながら, ①〜⑧の空欄を埋めるもしくは適語を選び, 段落ごとの要旨を確認しましょう（解答は下部にあります）。

The Hexapod Gap

❶ ◇ **the Hexapod Gap has puzzled scientists**

• hexapods : commonly known as [① i＿＿＿＿＿＿]

Devonian period	gap	Pennsylvanian period
• about 385 million years ago • the first hexapod fossil	few hexapod remains	• about 325 million years ago

◇ [② a＿＿＿＿＿＿＿] **forms of land life**

• Devonian period : early arthropods (today's spiders and scorpions)
• Pennsylvanian period : [③ w＿＿＿＿＿] hexapods

◇ **the Hexapod Gap**

(1) a lack of atmospheric oxygen (2) the absence of rocks suitable for hexapod fossilization	(1) previous studies of atmospheric oxygen underestimated actual oxygen levels (2) abundant materials for fossilizing hexapods
until recently	scientists at Stanford University

❷ ◇ **the researchers**

• hexapods with the power of flight
  → became common enough
    → to leave a [④ v＿＿＿＿＿＿ r＿＿＿＿＿] in fossils
• looking at the mechanics of how flying insects became so common

【解答】　① insects　② abundant　③ winged　④ visible record

【和訳】

六脚類の空白

❶ ◇ **六脚類の空白は科学者を困惑させた**

・六脚類：一般的に昆虫として知られている

デボン紀	空白	ペンシルベニア紀
・約3億8500万年前		・約3億2500万年前
・最初の六脚類の化石	六脚類の 化石は少ない	

◇ 大量に生息している**陸上生物の種類**

・デボン紀：初期の節足動物（今日のクモやサソリ）

・ペンシルベニア紀：羽のある六脚類

◇ **六脚類の空白**

(1) 大気中の酸素の不足 (2) 六脚類の化石化に適した岩石がない	(1) 以前の大気中の酸素の研究が，実際の酸素濃度を少なく見積もっていた (2) 六脚類を化石化するための豊富な原料

最近まで

↔

スタンフォード大学の
科学者たち

❷ ◇ **研究者たち**

・飛行能力をもつ六脚類

　　→ 広く分布するようになった

　　→ 化石の中に明白な記録を残せるほどに

・飛ぶ昆虫が，どのようにしてそれほど広く分布したのかというしくみに目を向けている

↔ their efforts are being hampered

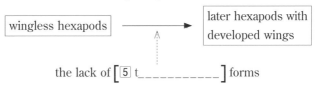

wingless hexapods ⟶ later hexapods with developed wings

the lack of [5 t_ _ _ _ _ _ _ _ _ _] forms

❸ ◇ **scientists : speculate about how wings developed**
  • hypotheses

first hypothesis	second hypothesis
• wings sprouted from circular structures that extended out of the torso = paranotal lobes	• wings formed from structures resembling fish gills
↔ this area of the body lacks muscles → the evolution of wings that insects could control = [6 clear / unclear]	↔ the gill-like structures occur only on aquatic insects → why they would have needed to fly = [7 clear / unclear]

◇ **recent genetic studies :**
  DNAs of paranotal lobes and the structures resembling gills in modern hexapods
  = similar to DNA found in their wings
      → modern hexapod wings may have evolved through a [8 c_ _ _ _ _ _ _ _ _] of the two mechanisms
  ↔ uncertain without more fossil evidence

↔ 彼らの努力は阻まれている

| 羽のない六脚類 | → | のちの発達した
羽を持つ六脚類 |

移行期の形態が不足している

❸ ◇ **科学者たち：羽がどのように発達したかを考える**

・仮説

1つ目の仮説	2つ目の仮説
・羽は昆虫の胴体から伸びる円形構造から生えた ＝パラノタル葉	・羽は魚のえらに似た構造から生じた
↔ 体のこの部分には筋肉が不足している → 昆虫が操れる羽の進化 ＝不明瞭	↔ えらに似た構造は水生昆虫にしか生じない → なぜそれらの昆虫は飛ぶ必要があったのか ＝不明瞭

◇ **最近の遺伝子研究：**

パラノタル葉と現代の六脚類のえらに似た構造の DNA

＝羽に見られる DNA と似ている

→ 現代の六脚類の羽は2つの構造の組み合わせによって進化したのかもしれない

↔ さらなる化石の証拠がなければ確証はない

速読練習
Sight Translation

 音声 ▶ L&R_LV6_06-ST

英語	和訳
The Hexapod Gap	六脚類の空白
❶ The Hexapod Gap	六脚類の空白は
has long puzzled scientists.	長い間科学者を当惑させている。
Hexapods,	六脚類は,
commonly known as insects,	一般に昆虫として知られる,
first evolved during the Devonian period,	最初デボン紀に進化した,
the geologic age	地質時代
between 419 and 358 million years ago.	4億1900万年前から3億5800万年前の間の。
The first hexapod fossil dates	最初の六脚類の化石は遡る
from about 385 million years ago	約3億8500万年前から
and is of a long,	そしてそれは長い,
flightless insect with a segmented body,	分節した体を持つ飛べない虫のものである,
known as *Rhyniognatha hirsti*.	ライニオネーサ・ハースティとして知られる。
However,	しかし,
there are	存在する
staggeringly few hexapod remains	驚くほど少ない六脚類の化石が
from that time	それ以来
until the beginning	初期まで
of the Pennsylvanian period,	ペンシルベニア紀の,
about 325 million years ago.	約3億2500万年前の。
During the Devonian period,	デボン紀の間,
early arthropods,	初期の節足動物が,
which evolved into today's spiders and scorpions,	今日のクモやサソリに進化した,
were abundant.	大量に生息していた。
During the Pennsylvanian period,	ペンシルベニア紀に,
however,	しかし,
winged hexapods	羽のある六脚類が
suddenly flourished.	突然繁栄した。
Until recently,	最近まで,
the Hexapod Gap was theorized	六脚類の空白は理論化されていた
to have been caused	引き起こされた
by either a lack of atmospheric oxygen	大気中の酸素の不足のためか

or the absence of rocks suitable	あるいは適した岩石がなかった
for hexapod fossilization.	六脚類の化石化に。
But when scientists at Stanford University	しかしスタンフォード大学の科学者たちが～したとき
looked into the Hexapod Gap,	六脚類の空白を調査した,
they found	彼らは気づいた
that previous studies	以前の研究が
of atmospheric oxygen	大気中の酸素に関する
had severely underestimated actual oxygen levels.	実際の酸素濃度を大幅に低く見積もっていた。
Additionally,	さらに,
their survey of Devonian period rocks	デボン紀の岩石の彼らの調査は
uncovered abundant materials	豊富な原料を発見した
for fossilizing hexapods.	六脚類を化石化するための。
❷ Since the *Rhyniognatha hirsti* fossils	ライニオネーサ・ハースティの化石は～なので
are wingless,	羽がない,
and most fossilized insects	そしてほとんどの化石化した昆虫は
from the early Pennsylvanian period	ペンシルベニア紀初期の
are able to fly,	飛ぶことができる,
the researchers theorized	研究者たちは理論化した
that the advantage	利点が
of becoming the first creature	最初の生物になるという
with the power of flight	飛行能力をもつ
is the reason hexapods became common enough	六脚類が十分に広く分布するようになった理由だ
to leave a visible record	明白な記録を残せるほど
in fossils.	化石の中に。
Stanford scientist Jonathan Payne explains,	スタンフォード大学の科学者ジョナサン・ペインが説明するには,
"The fossil record looks just	「化石の記録はまさに～に見える
how you would expect	予想したであろうこと
if insects were rare	もし昆虫の数が非常に少なかったら
until they evolved wings,	羽を持つように進化するまで,
at which point they very rapidly increased	その時点で彼らが急速に増えた
in diversity and abundance."	種類と数において」。
Researchers are now looking at	研究者たちは現在～に目を向けている
the mechanics	しくみ

of how flying insects	どのように飛ぶ昆虫が
became so common	それほど広く分布するようになった
in the Pennsylvanian period.	ペンシルベニア紀において。
Their efforts are being hampered,	彼らの努力は阻まれている,
though,	しかし,
by the lack of transitional forms	移行期の形態が存在しないことによって
between wingless hexapods	羽のない六脚類との間の
like *Rhyniognatha hirsti*	ライニオネーサ・ハースティのような
and later hexapods	そしてのちの六脚類との
with fully developed wings.	完全に発達した羽を持つ。
❸ Scientists have therefore had to speculate	したがって科学者たちは考えねばならなかった
about how wings developed.	羽がどのように進化したのかについて。
Perhaps wings first sprouted	ひょっとすると羽は最初生えたかもしれない
from circular structures	円形の構造から
that extended out of the torso	それは胴体から伸びた
on some insects,	一部の昆虫において,
and were not connected	そしてそれはつながっていなかった
with existing limbs.	既存の手足と。
If these structures,	もしこれらの構造が,
known as paranotal lobes,	パラノタル葉として知られる,
had transformed into membranes,	皮膜に変形したら,
it would have allowed hexapods	六脚類は〜できただろう
to glide down from trees.	木から滑るように降下することが。
However,	しかし,
this area of the body lacks muscles,	体のこの部分には筋肉がない,
so the hypotheses does not explain	そのためその仮説では説明できない
how insects gained	昆虫がどのようにして〜を獲得したのか
the ability to flap their wings.	自分の羽ではばたく能力を。
According to a second hypothesis,	2番目の仮説によると,
wings formed from structures	羽は構造から生じた
resembling fish gills	魚のえらに似ている
that were used for breathing	呼吸に使われる
and were attached to leg segments	そして足の節に付着した
that later migrated to the hexapods' backs.	のちに六脚類の背中に移動した。
Because the limbs had muscles,	手足には筋肉があったので,

the theory supports	この説は〜を立証している
the evolution of wings	羽の進化を
that insects could control,	昆虫が操ることができる，
addressing the flaw	欠点を対処している
in the paranotal lobe hypothesis.	パラノタル葉仮説の。
However,	しかし，
the gill-like structures	えらに似た構造は
occur only on aquatic insects,	水生昆虫にしか生じない，
so it is unclear	そのため不明瞭だ
why they would have needed	それらが必要としたであろう理由は
to fly.	飛ぶことを。
More recently,	さらに最近，
genetic studies have indicated	遺伝子研究は示した
that both paranotal lobes	パラノタル葉と〜の両方が
and the structures resembling gills	えらに似た構造と
in modern hexapods	現代の六脚類における
have DNA	DNA を持つ
that is similar to	〜と似ている
that found in their wings.	羽に見られるそれ（DNA）と。
This has given support	このことは支持している
to a dual origin theory,	二重起源説を，
which says	〜という
that modern hexapod wings	現代の六脚類の羽が
may have evolved	進化したかもしれない
through a combination	組み合わせを通して
of the two mechanisms.	2つのしくみの。
Nevertheless,	それでもやはり，
until fossils	化石が〜まで
that support one of these theories	これらの説のうち1つを支持する
are found,	見つかる，
no one will be sure	確証はないだろう
how the wings	どのように羽が
that contributed so greatly	非常に大きく貢献した
to hexapod success	六脚類の繁栄に
evolved.	進化したのか。

Lesson 06

Q おすすめの新聞・ニュース・テレビ番組・洋書と，それを使った学習方法を教えてください。

A C1 レベルを目指すみなさんは，ある程度英字新聞や洋書なども理解できる実力を持っていると思います。しかしながら，まだみなさんの力をもってしても，アメリカ現地の新聞の社会派コラムなどは，さらに上位の C2 に近いレベルに相当するので，読めずにストレスが溜まることもあるでしょう。難解な英文を読むと，読んでいてつまらなかったり，内容が頭に入ってこなかったりします。新聞記事や雑誌のようなネイティブが読むようなものといっても様々なレベルがありますから，自分のレベルにあった読み物を探すことが重要です。

　例えばミステリーや恋愛などをテーマにした大衆小説は，読みやすい文章で書かれているのでおすすめです。日本語の本でも，高校生が楽しく読んでいるような大衆小説は簡単ですが，昔の文学を読むのは難しいですよね。大衆小説以外の洋書や新聞記事を読むときも，自分が興味のある題材のものを選ぶといいでしょう。

　また，テレビ番組についても同じことが言えます。映画やドラマでも犯罪や法律を扱うものは，やはり C2 のレベルに近く，なかなか理解できないでしょう。反対に，ホームコメディのようなものであれば，B2 から C1 程度のレベルで理解しやすいので，まずはそこから挑戦していくといいですね。

　そして洋書を読むときも，テレビを見るときも，意識してほしいことがあります。それは，「楽しむ」ということです。「勉強するぞ！」という姿勢でいくと，どうしてもわからない単語がたくさん出てきます。それらを覚えようと単語を一つ一つ辞書で調べて，ノートに書いて…などということをやっていると，そこばかりに注意が逸れ過ぎて，話の本筋が理解できなくなってしまいます。あくまでも多聴多読の勉強というのは，ストーリーを理解して楽しむためにあるので，多少単語がわからなくても飛ばして大丈夫です。ぜひ，楽しみながら学習を続けていってくださいね。

Part 3
Lesson 07–10
Reading

内容一致問題
Reading Comprehension

Cornell University

READING

Lesson 07

問題
Questions

W 単 語 数 ▶ 785 語

制限時間 ▶ 20 分

✓ 目標得点 ▶ 30 /40点

DATE

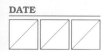

▶次の英文の内容に関して, (1)～(4)の質問に対する最も適切な答え (または文を完成させるのに最も適切なもの) を **1**, **2**, **3**, **4** の中から 1 つ選びなさい。

A New Approach to Cancer Treatment

The diamondback moth* is an invasive species that began devastating agricultural crops in the United States in the 1850s. For nearly a century, farmers sought to eradicate the pest completely using massive quantities of the most potent chemicals available. Even the highly toxic pesticide, DDT, however, failed to eliminate them. Although DDT was lethal to most of the moths, a few hardy specimens were resistant to the chemicals, and their offspring would quickly proliferate, often doing even greater harm than the previous generation.

It was not until farmers began using an unconventional strategy that they were able to deal successfully with the pest. Starting in the 1950s, farmers began waiting until the diamondback moth population reached a certain threshold before applying pesticides to their fields. They then used the chemicals in moderation which, remarkably, proved much more effective than the eradication strategy. Far fewer crops were lost, pesticide costs were reduced, and the diamondback moths stopped evolving so rapidly.

In 2008, when cancer specialist Robert Gatenby heard about the diamondback moth, he hypothesized that the same strategy could be applied to the treatment of cancer. Despite the wide range of cancer drugs that have been developed in recent years, their effect on life expectancy is modest at best, often providing cancer sufferers with no more than a few additional weeks. That's why Gatenby was convinced that the novel

23 approach inspired by the moths was worth exploring.

24 The conventional approach to combatting cancer evolved from research
25 conducted by Nobel Prize-winning scientist Paul Ehrlich in the early
26 twentieth century on fighting bacterial infections with antibiotics. His
27 "magic bullet" approach involved making use of chemicals that could
28 distinguish between bacteria and healthy cells or tissue in a patient's body.
29 Bacteria are highly sensitive to antibiotics, and taking a large dose of the
30 powerful medicine is essential for wiping out the invaders. This strategy
31 has been applied to cancer, and scientists have largely focused on the
32 discovery of chemicals capable of targeting cancer cells without damaging
33 the healthy cells around them.

34 According to Gatenby, however, cancer cells are fundamentally different
35 from bacteria; not only is it exceedingly difficult to find a chemical capable
36 of distinguishing between cancer cells and healthy ones, but also bacteria
37 are far more sensitive to antibiotics than cancer cells are to the chemical
38 therapies used to target them. Furthermore, cancer cells can quickly build
39 resistance to the chemicals that target them, unlike bacteria, which build
40 resistance slowly over time. Therefore, the magic bullet approach fails to
41 live up to its name when applied to cancer treatment.

42 Gatenby has also discovered a significant difference between cancer
43 cells that are resistant to drugs and those that are not. His research
44 indicates that the resistance cancer cells build comes at a cost. Cancer
45 cells expend so much energy fighting the anti-cancer drugs that their
46 reproductive fitness becomes inferior.

47 When there are both resistant and non-resistant cancer cells in the body,
48 the non-resistant cells are able to proliferate because the resistant cells
49 devote significant resources to retaining their immunity even when there
50 are no chemicals present. High-dose therapies, however, radically alter the
51 situation. In the absence of the non-resistant cancer cells, there is less

competition for energy, allowing the resistant cancer cells to proliferate. 52

In animal experiments, Gatenby found that when mice were given an 53 extremely high dose of drugs, their cancerous tumors appeared to vanish. 54 They would soon come back, however, immune to the drugs that had 55 previously seemed so effective, and would quickly prove fatal. But more 56 carefully controlled doses changed the outcome. Researchers used a 57 complex mathematical model designed to prevent the enlargement of 58 tumors without trying to diminish their volume. This allowed them to 59 prolong the mice's lifespans, preventing the mice from succumbing to the 60 cancer. 61

Gatenby believed that he was witnessing a similar phenomenon to what 62 was observed with the diamondback moths. If part of a field were sprayed 63 with pesticide, the moths that were not resistant to the pesticide would 64 escape into the area where there were no chemicals. Then, they were able 65 to move back out into the sprayed areas, preventing the resistant moths 66 from dominating the population. Similarly, by monitoring a tumor's volume 67 and using precise amounts of chemicals to keep it in check, Gatenby could 68 prevent the drug-resistant cancer cells from replacing non-resistant ones. 69

Gatenby applied the same strategy he used on the mice to humans. Not 70 only are his treatments easier on the patients due to the lower doses of 71 medicine that they receive, but preliminary results indicate that they are 72 also successful in preventing cancer cells from developing into more 73 dangerous forms that resist treatment. 74

*diamondback moth：コナガ

(1) What problem did farmers have before the 1950s?

1 Although the pesticides that they used were effective in fighting moths, they were also harmful to the crops they were used on.

2 The population of the diamondback moths was so huge that there were not enough pesticides available to kill them all.

3 It was impossible to kill off all of the diamondback moths, and attempting to do so often caused them to become resistant to the chemicals.

4 It was discovered that the large amounts of chemicals being used to fight diamondback moths were causing cancer among humans.

(2) One difference between bacteria and cancer cells is that

1 the human body is much better at identifying bacteria as invaders than it is at recognizing the presence of cancer cells.

2 although individual cancer cells are easier to kill than individual bacteria are, they are better able to resist the effects of chemicals when they are in a large group.

3 it is possible to stimulate healthy tissue to fight bacteria, but it is not possible to cause it to attack cancer cells.

4 it takes much longer for bacteria to become resistant to the effects of chemicals than it does for cancer cells to do so.

(3) Robert Gatenby's research indicates that drug-resistant cancer cells

    1 normally reproduce more slowly than other types of cells but are able to spread more easily if non-resistant cancer cells are harmed by chemicals.

    2 are able to absorb energy from other types of cancer cells in order to fight off the effects of anti-cancer medications more effectively.

    3 need to be targeted with the most aggressive treatment in order to stop them from transferring their immunity to other types of cells.

    4 use energy more efficiently than non-resistant cells, so they are able to grow and spread faster under normal circumstances.

(4) Which of the following statements would Gatenby most likely agree with?

    1 Since agricultural pesticides are in such common use today, they may have more of a role in causing cancer than most people imagine.

    2 The most effective way to treat cancer is to control the growth of tumors rather than seeking to eliminate them completely.

    3 By studying how moths become immune to cancer, it may be possible to find a way to treat the disease in humans.

    4 Because it is impossible to know precisely how much of a medicine is necessary to eliminate a tumor, it is better to err on the side of giving too much.

ANSWER									
(1)	①	②	③	④	**(2)**	①	②	③	④
(3)	①	②	③	④	**(4)**	①	②	③	④

Answers & Explanations ☞

Lesson 07
解答・解説
Answers & Explanations

青文字＝設問・選択肢の和訳　赤文字＝正解

□ **(1)** 1950 年代以前に農家はどのような問題を抱えていたか。

 1 彼らが使用した殺虫剤はガと戦ううえで効果的だったが，殺虫剤が使用された作物にとっても有害だった。

 2 コナガの個体数が非常に多く，それらすべてを殺すのに十分な量の殺虫剤が入手できなかった。

 ③ コナガをすべて殺すことは不可能であり，それを試みるとしばしば化学物質に対する耐性をつけるようになった。

 4 コナガと戦うために使用されている大量の化学物質が人間のがんを引き起こしていることが発見された。

解説 ▶ 第 1 段落の最後の 2 文の内容より，**農家は強力な殺虫剤を使用してもコナガを駆除することはできず**，さらに**少数の丈夫な（ガの）個体は化学物質に対して耐性を獲得する**ことがわかるので **3** が正解。第 1 段落の内容から，農家はガを根絶しようと大量に殺虫剤を使用し続けてきたが，結局は根絶に失敗してきたことがわかる。しかし失敗の理由は，ガを根絶するために必要な量の殺虫剤が入手できなかったからではなく，ガが化学物質への耐性をつけたからであるため，**2** は誤り。**1**，**4** は本文中に記述されていないので誤り。

□ **(2)** 細菌とがん細胞の違いの 1 つは…ということである。

 1 人間の体は，がん細胞の存在を認識することよりも，細菌を侵入者として同定することの方がはるかに得意である

 2 個々のがん細胞は細菌よりも殺しやすいが，がん細胞が大規模な集団となっている場合，それらは化学物質の影響に対してより抵抗できる

 3 健康な組織を刺激して細菌と戦うことは可能だが，それにがん細胞を攻撃させることはできない

 ④ 細菌が化学物質の影響に対して耐性をもつようになるには，がん細胞が耐性をもつよりもはるかに時間がかかる

解説 ▶ 第 5 段落では，細菌とがん細胞の違いが説明されている。第 5 段落第 2 文より，**がん細胞よりも細菌の方が耐性をもつまでに時間がかかる**ことが読み取れるので，これに一致する **4** が正解。ほかの選択肢は本文中に記述されていないので誤り。

□ **(3)** ロバート・ゲーテンビーの研究によると，薬剤耐性がん細胞は

① 通常ほかの種類の細胞よりもゆっくりと増殖するが，非耐性がん細胞が化学物質によって損傷を受けた場合，より容易に広がることができる。

2 抗がん剤の影響をより効果的に退けるため，ほかのタイプのがん細胞からエネルギーを吸収することができる。

3 ほかのタイプの細胞に免疫を移すのを防ぐため，最も積極的な治療によって狙い撃つ必要がある。

4 非耐性細胞よりも効率的にエネルギーを使用するため，通常の状況ではより速く成長して広がることができる。

解説▶ 第6段落の第2～3文より，耐性がん細胞は，抗がん剤への耐性をつけるために多くのエネルギーを消費するため増殖適応度が劣ると述べられている。また，第7段落の第1文より，薬剤が体内にない場合でも，免疫の維持に力を割くため，耐性がん細胞は非耐性がん細胞と比べて増殖の速度は緩やかだと考えられる。しかし，第7段落の最後の文より，**化学物質によって非耐性がん細胞が存在しない場合，耐性がん細胞と非耐性がん細胞間でのエネルギーの競争が少なくなり，耐性がん細胞が増殖できるようになる**。以上の内容に一致する **1** が正解。ほかの選択肢は本文中に記述されていないので誤り。

□ **(4)** ゲーテンビーが同意する可能性が最も高いのは，次のうちどれか。

1 今日，農業用殺虫剤は一般的に使用されているため，大部分の人々が想像しているよりもがんを引き起こすうえでの役割のより多くを担っている可能性がある。

② がんを治療する最も効果的な方法は，腫瘍を完全に排除しようとすることよりもむしろ，腫瘍の成長を制御することである。

3 ガががんに対して免疫をもつようになる方法を研究することで，人間の病気を治療する方法を見つけることができるかもしれない。

4 腫瘍を取り除くためにどのくらい薬が必要かを正確に知ることは不可能であるため，過剰に投与して失敗する方がよい。

解説▶ 第10段落では，ゲーテンビーが**腫瘍が拡大も縮小もしないよう設計された量の薬物を人間に投与した結果**が記述されている。第10段落の最後の文で，**がん細胞が治療に耐性のある形態に変わるのを防ぐことに成功した**ことがわかるので，選択肢の中で最も適当な **2** が正解。ほかの選択肢は本文中に記述されていないので誤り。

（重要語句） □ err on the side of ～（動 ～をし過ぎて失敗する）

ANSWER				
(1)	① ② **③** ④	**(2)**	① ② ③ **④**
(3)	**①** ② ③ ④	**(4)**	① **②** ③ ④

SCORE	CHECK YOUR LEVEL
╱**40**点 （4問×各**10**点）	0～**20**点 ➡ *Work harder!* 21～**30**点 ➡ *OK!* 31～**40**点 ➡ *Way to go!*

【和訳】

がん治療への新たなアプローチ

❶ コナガは，1850年代にアメリカで農作物を荒らし始めた侵入種である。およそ1世紀の間，農家は入手可能な中で最も強力な化学物質を大量に使用し，その害虫を完全に根絶しようとしてきた。しかし，非常に有毒な殺虫剤であるDDTでさえ，それらを駆除することはできなかった。DDTはほとんどのガにとって致命的だが，少数の丈夫な個体はその化学物質に対して免疫を獲得してしまい，その子孫は急速に増殖し，しばしば前世代よりも大きな害をもたらした。

❷ 害虫にうまく対処することができるようになったのは，農家がある型破りな戦略を使い始めたときだった。1950年代から，農家は，殺虫剤を畑に散布する前に，コナガの個体数が一定の基準値に達するまで待つようにし始めた。それから彼らは，化学物質を適量使用するようになったが，驚くべきことに，根絶戦略に比べてはるかに効果的であることが判明した。失う作物の数ははるかに少なくなり，殺虫剤のコストは削減され，コナガの進化はとても急速に止まった。

❸ 2008年，がんの専門家ロバート・ゲーテンビーはコナガについての話を聞いたとき，同じ戦略をがんの治療に適用できるという仮説を立てた。近年，幅広い抗がん剤が開発されたにもかかわらず，平均寿命への効果はそれほど大きくなく，多くの場合はがん患者をほんの数週間延命させるのみである。そのことが理由でゲーテンビーは，ガから着想を得た新しいアプローチは調査する価値があることを確信した。

❹ がんと闘うための従来のアプローチは，ノーベル賞を受賞した科学者パウル・エールリヒによって20世紀初頭に行われた，抗生物質を用いた細菌感染症との闘病についての研究から発展したものだ。彼の「特効薬」アプローチは，患者の体内で細菌と健康な細胞や組織とを見分けることができる化学物質の使用に関するものだった。細菌は抗生物質に非常に敏感であり，強力な薬を大量に服用することは侵入者である細菌を一掃するため

に不可欠である。この戦略はがんに適用されており，科学者はがん細胞周辺の健康な細胞を害することなく，がん細胞のみを狙うことができる化学物質の発見に主として力を注いできた。

❺ しかし，ゲーテンビーによれば，がん細胞は細菌と根本的に異なる。がん細胞と健康な細胞を識別できる化学物質を見つけることが非常に難しいだけでなく，がん細胞がそれを標的として利用される化学療法によって受ける影響よりも，細菌が抗生物質によって受ける影響の方がはるかに強い。さらに，時とともにゆっくりと耐性をつける細菌と違って，がん細胞は自分を狙う化学物質に対してすぐに耐性をつける。したがって，がん治療に適用されるとき，特効薬アプローチは名前負けしてしまっているのだ。

❻ ゲーテンビーはまた，薬剤に耐性のあるがん細胞と耐性のないがん細胞の間に大きな違いがあることを発見した。彼の研究によると，がん細胞がつける耐性にはかなりの犠牲が伴う。がん細胞が抗がん剤と闘うのにとても多くのエネルギーを消費するため，それらの増殖適応度は劣ってくる。

❼ 体内に耐性がん細胞と非耐性がん細胞の両方があるとき，耐性細胞は，たとえ化学物質が存在しない場合でも免疫を維持することにかなりの力を割くため，非耐性細胞が増殖することができる。しかしながら，高用量療法はこの状況を根本的に変えてしまう。非耐性がん細胞が存在しない場合，エネルギー面での競争が少なくなり，耐性細胞が増殖するのだ。

❽ 動物実験によって，ゲーテンビーは，マウスに非常に高用量の薬物を投与すると，それら（マウス）のがん性腫瘍が消滅するように見えたということを発見した。だが，腫瘍はもともと効果があると思われた薬物に対して免疫をもってすぐに復活し，致命的となることがすぐにわかるのだった。しかし，より注意深く制御した投薬量はその結果を変えた。研究者たちは，腫瘍の体積が縮小も，拡大もしないように設計された複雑な数学的モデルを用いた。このことによって，彼らはマウスががんで死んでしまうのを防ぎながら，マウスの寿命

を延ばすことができた。

❾ ゲーテンビーは，コナガのときに観察されたものと同様の現象を目撃していたと思った。畑の一部に殺虫剤が散布された場合，殺虫剤に耐性のないガは，薬剤がまかれていないエリアに逃げると考えられる。その後，彼らは散布済みのエリアに戻り，それにより耐性のあるガが群れを支配するのを防ぐことができた。同様に，腫瘍の体積を監視し，正確な量の化学物質を使用して腫瘍を抑制することにより，ゲーテンビーは薬剤耐性がん細胞が非耐性がん細胞に取って代わることを防ぐことができた。

❿ ゲーテンビーは，マウスに対して使用したのと同じ戦略を人間に適用した。彼の治療は患者への薬の投与量がより少ないため，患者が受け入れやすいだけでなく，予備段階の結果によると，がん細胞が治療に耐性のあるより危険な形態に進化するのを防ぐことにも成功していることを示している。

重要語句リスト

❶
- invasive 形 侵入する，侵略的な
- devastate 動 ～を荒らす，荒廃させる
- eradicate 動 ～を根絶する，絶滅させる
- pest 名 害虫
- massive 形 膨大な
- potent 形 強力な
- pesticide 名 殺虫剤
- eliminate 動 ～を除去する，廃絶させる
- lethal 形 致死の
- proliferate 動 増殖する
- do harm 熟 被害を与える

❷
- unconventional 形 型にはまらない
- threshold 名 基準値
- moderation 名 適度，控えめ
- eradication 名 根絶

❸
- hypothesize 動 ～と仮説を立てる
- life expectancy 名 平均寿命
- modest at best 熟 (効果が) それほど大きくない

❹
- combat 動 ～と闘う
- bacterial infection 名 細菌感染症
- antibiotic 名 抗生物質
- tissue 名 (生体) 組織

❺
- exceedingly 副 非常に
- live up to one's name 熟 その名に恥じない (ように生きる)

❻
- reproductive 形 増殖の，生殖の
- come at a cost 熟 高くつく

❼
- proliferate 動 増殖する

❽
- tumor 名 腫瘍
- diminish 動 ～を縮小させる，減らす
- prolong 動 ～を長くする，引き延ばす
- succumb 動 死ぬ，負ける

❾
- keep ～ in check 熟 ～を抑制する，食い止める

Lesson 07

要点整理
Paragraph Summary

▶音声を聞きながら，[1]〜[7]の空欄を埋め，段落ごとの
要旨を確認しましょう（解答は下部にあります）。

A New Approach to Cancer Treatment

❶ ◇ **the diamondback moth**
　　= an invasive species devastating agricultural crops
　・farmers failed to eliminate them
　　(1) a few hardy specimens were [1] r_____] to the chemicals
　　(2) their offspring would quickly proliferate

❷ ◇ **farmers used an unconventional strategy**
　　(1) waited until the diamondback moth population reached a certain threshold
　　(2) used the chemicals in [2] m_____]
　　→ much more effective = the diamondback moths stopped evolving

❸ ◇ **Robert Gatenby hypothesized**:
　　the same strategy could be applied to the treatment of cancer
　　→ the [3] n____] approach inspired by the moths was worth exploring

❹ ◇ **the conventional approach to combatting cancer**:
　　evolved from research on fighting bacterial infections with antibiotics
　　= the "magic bullet" approach
　　　magic bullet : chemicals capable of targeting cancer cells without damaging healthy cells

❺ ◇ **Gatenby : cancer cells are fundamentally different from bacteria**

	bacteria	cancer cells
finding a chemical capable of distinguishing between bacteria or cancer cells and healthy ones	not difficult	difficult
building resistance to chemicals	slowly	quickly

　　→ the magic bullet approach
　　　= fails to live up to its name when applied to cancer treatment

【和訳】

がん治療への新たなアプローチ

❶　◇ **コナガ**

　　 ＝農作物を荒らす侵入種

　・ 農家たちはそれらを駆除できなかった

　　(1)少数の強い個体は，化学物質に対して耐性を獲得した

　　(2)子孫は急速に増殖した

❷　◇ **農家たちは型破りな戦略を使った**

　　(1)コナガの個体数が一定の基準値に達するまで待った

　　(2)化学物質を適量使用した

　　→ はるかに効果的＝コナガの進化は止まった

❸　◇ **ロバート・ゲーテンビーは仮説を立てた：**

　　同じ戦略をがんの治療に適用できる

　　→ ガから着想を得た新しいアプローチは調査する価値があった

❹　◇ **がんと闘うための従来のアプローチ：**

　　抗生物質を用いた細菌感染症との闘病についての研究から発展した

　　＝「特効薬」アプローチ

　　　特効薬：健康な細胞を害することなく，がん細胞を狙うことができる

　　　　　　　化学物質

❺　◇ **ゲーテンビー：がん細胞は細菌と根本的に異なる**

	細菌	がん細胞
細菌またはがん細胞と健康な細胞を識別できる化学物質を見つけること	困難でない	困難
化学物質への耐性の構築	遅い	速い

　　→ 特効薬アプローチ

　　　：がん治療に適用したとき，名前負けしている

❻◇ Gatenby : discovered a difference between cancer cells that are resistant to drugs and those that are not
- the resistance cancer cells build comes at a cost
→ the resistant cells' [4] r_____ f_____] becomes inferior

❼ ◇ resistant and non-resistant cancer cells in the body

resistant cells	non-resistant cells	
○	○	the non-resistant cells are able to proliferate
		← the resistant cells have to devote significant resources to retaining their immunity
○	✕	the resistant cells can proliferate
		← less competition for energy

❽ ◇ when mice were given drugs

an extremely high dose of drugs	a carefully controlled dose of drugs
tumors appeared to vanish but would soon come back → immune to the drug → prove fatal	[5] p_____] the mice's lifespans

❾ ◇ the diamondback moths : a phenomenon Gatenby observed
- if part of a field were sprayed with pesticide
   → the moths that were not resistant to the pesticide escaped into the area with no chemicals
   → moved back out into the sprayed areas
   + prevented the resistant moths from dominating the population
- using [6] p_____] amounts of chemicals
   → prevent the drug-resistant cancer cells from replacing non-resistant ones

❿ ◇ Gatenby : apply the same strategy to humans
- his treatments
   (1) easier on the patients
   (2) preventing cancer cells from [7] d_____ i___] more dangerous forms

【解答】 [4] reproductive fitness [5] prolong [6] presice [7] developing into

104

❻　◇ ゲーテンビー : 薬に耐性のあるがん細胞とそうでないがん細胞の違いを
　　　　　　　発見した
　・がん細胞がつける耐性はかなりの犠牲が伴う
　→ 耐性細胞の増殖適応度は劣っていく

❼　◇ **体内の耐性がん細胞と非耐性がん細胞**

<table>
<tr><th>耐性細胞</th><th>非耐性細胞</th><th></th></tr>
<tr><td rowspan="2">○</td><td rowspan="2">○</td><td>非耐性細胞は増殖できる</td></tr>
<tr><td>← 耐性細胞は免疫を維持することにかなりの力を割く必要がある</td></tr>
<tr><td rowspan="2">○</td><td rowspan="2">×</td><td>耐性細胞は増殖できる</td></tr>
<tr><td>← エネルギー面での競争が少なくなる</td></tr>
</table>

Lesson
07

❽　◇ **薬物をマウスに投与すると**

非常に高用量の薬物	注意深く制御した量の薬物
腫瘍が消滅したように見えるがすぐに復活するだろう → 薬物に対して免疫をもつ → 致命的と判明する	マウスの寿命を延ばす

❾　◇ **コナガ : ゲーテンビーが目撃した現象**
　・畑の一部に殺虫剤が散布された場合
　　→ 耐性のないガは，薬剤がまかれていないエリアに逃げた

　　→ 散布済みのエリアに戻った
　　＋ 耐性のあるガが群れを支配するのを妨げた
　・正確な量の化学物質を使用すること
　　→ 薬剤耐性がん細胞が非耐性がん細胞に取って代わることを防ぐ

❿　◇ **ゲーテンビー : 同じ戦略を人間に応用**
　・彼の治療法
　　(1)患者に受け入れられやすい
　　(2)がん細胞がより危険な形態に進化するのを防ぐ

Lesson 07
速読練習
Sight Translation

◀)) 音声 ▶ L&R_LV6_07-ST

英語	和訳
A New Approach to Cancer Treatment	がん治療への新たなアプローチ
❶ The diamondback moth	コナガは
is an invasive species	侵入種である
that began devastating agricultural crops	農作物を荒らし始めた
in the United States	アメリカで
in the 1850s.	1850年代に。
For nearly a century,	およそ1世紀の間,
farmers sought	農家は〜しようとした
to eradicate the pest completely	その害虫を完全に根絶することを
using massive quantities of the most potent chemicals	最も強力な化学物質を大量に使用して
available.	入手可能な。
Even the highly toxic pesticide, DDT,	非常に有毒な殺虫剤であるDDTでさえ,
however,	しかし,
failed to eliminate them.	それらを駆除することはできなかった。
Although DDT was lethal	DDTは致命的だが
to most of the moths,	ほとんどのガに対して,
a few hardy specimens	少数の丈夫な個体は
were resistant to the chemicals,	化学物質に対して耐性を示した,
and their offspring	そしてそれらの子孫は
would quickly proliferate,	急速に増殖した,
often doing even greater harm	しばしばさらに大きな害を及ぼす
than the previous generation.	前の世代よりも。
❷ It was not until	〜して初めて
farmers began using an unconventional strategy	農家がある型破りな戦略を使い始めた
that they were able to deal successfully	彼らはうまく対処することができた
with the pest.	害虫に。
Starting in the 1950s,	1950年代から,
farmers began waiting	農家は待つようになった
until the diamondback moth population reached a certain threshold	コナガの個体数が一定の基準値に達するまで
before applying pesticides	殺虫剤を散布する前に

to their fields.	彼らの畑に。
They then used the chemicals	そして彼らは化学物質を使用した
in moderation,	適量で,
which, remarkably,	驚くべきことに,
proved much more effective	はるかに効果的であることが判明した
than the eradication strategy.	根絶戦略よりも。
Far fewer crops were lost,	失う作物の数ははるかに少なくなった,
pesticide costs were reduced,	殺虫剤のコストは削減された,
and the diamondback moths stopped evolving	そしてコナガの進化は止まった
so rapidly.	とても急速に。
❸ In 2008,	2008 年に,
when cancer specialist Robert Gatenby heard	がんの専門家ロバート・ゲーテンビーが〜を聞いたとき
about the diamondback moth,	コナガについて,
he hypothesized	彼は仮説を立てた
that the same strategy could be applied	同じ戦略を適用できるだろう
to the treatment of cancer.	がんの治療に対して。
Despite the wide range	幅広い範囲にもかかわらず
of cancer drugs	抗がん剤の
that have been developed	開発された
in recent years,	近年,
their effect on life expectancy is	それらの平均寿命への効果は
modest at best,	それほど大きくない,
often providing cancer sufferers	多くの場合がん患者にもたらす
with no more than a few additional weeks.	追加でほんの数週間を。
That's why	そのことが理由で
Gatenby was convinced	ゲーテンビーは〜を確信した
that the novel approach	新しいアプローチは
inspired by the moths	ガから着想を得た
was worth exploring.	調査する価値があると。
❹ The conventional approach	従来のアプローチは
to combatting cancer	がんと闘うための
evolved from research	研究から発展した
conducted by the Nobel Prize-winning scientist Paul Ehrlich	ノーベル賞を受賞した科学者パウル・エールリヒにより行われた

Lesson 07

in the early twentieth century	20 世紀初頭に
on fighting bacterial infections	細菌感染症との闘病についての
with antibiotics.	抗生物質を用いた。
His "magic bullet" approach involved	彼の「特効薬」アプローチは〜に関するものだった
making use of chemicals	化学物質の使用に
that could distinguish	見分けることができる
between bacteria and healthy cells or tissue	細菌と健康な細胞や組織とを
in a patient's body.	患者の体内において。
Bacteria are highly sensitive	細菌は非常に敏感だ
to antibiotics,	抗生物質に対して,
and taking a large dose	そして大量に服用することは
of the powerful medicine	強力な薬を
is essential	不可欠である
for wiping out the invaders.	侵入者（である細菌）を一掃するために。
This strategy has been applied	この戦略は適用されている
to cancer,	がんに対して,
and scientists have largely focused	そして科学者は主として力を注いできた
on the discovery of chemicals	化学物質の発見に
capable of targeting cancer cells	がん細胞を狙うことができる
without damaging	害することなく
the healthy cells around them.	それら（がん細胞）の周辺の健康な細胞を。
❺ According to Gatenby,	ゲーテンビーによれば,
however,	しかし,
cancer cells are fundamentally different	がん細胞は根本的に異なる
from bacteria;	細菌と。
not only is it exceedingly difficult	非常に難しいだけでなく
to find a chemical	化学物質を見つけること
capable of distinguishing	識別できる
between cancer cells and healthy ones,	がん細胞と健康な細胞とを,
but also bacteria are far more sensitive	細菌ははるかに影響も受けやすい
to antibiotics	抗生物質に対して
than cancer cells	がん細胞が〜よりも
are to the chemical therapies	化学療法に対して受ける
used to target them.	それらに対して利用される。

Furthermore,	さらに,
cancer cells can quickly build resistance	がん細胞はすぐに耐性をつけることができる
to the chemicals	化学物質に対する
that target them,	それらを狙っている,
unlike bacteria,	細菌と違って,
which build resistance slowly	耐性をゆっくりとつける
over time.	時とともに。
Therefore,	したがって,
the magic bullet approach	特効薬アプローチは
fails to live up to its name	名前負けしている
when applied to cancer treatment.	がん治療に適用されるとき。
❻ Gatenby has also discovered	ゲーテンビーはまた発見した
a significant difference	大きな違いを
between cancer cells	がん細胞と〜との
that are resistant to drugs	薬剤に耐性のある
and those that are not.	耐性の無いそれら（がん細胞）との。
His research indicates	彼の研究は示している
that the resistance cancer cells build	がん細胞がつける耐性は
comes at a cost.	かなりの犠牲が伴う。
Cancer cells expend so much energy	がん細胞は非常に多くのエネルギーを消費するので
fighting the anti-cancer drugs	抗がん剤と闘う
that their reproductive fitness	それらの増殖適応度は
becomes inferior.	劣ってくる。
❼ When there are both resistant and non-resistant cancer cells	耐性がん細胞と非耐性がん細胞の両方があるとき
in the body,	体内に,
the non-resistant cells are able to proliferate	非耐性細胞は急速に増殖することができる
because the resistant cells	なぜなら耐性細胞は
devote significant resources	かなりの力を割く
to retaining their immunity	それらの免疫を維持することに
even when there are no chemicals present.	たとえ化学物質が存在しない場合でも。
High-dose therapies,	高用量療法は,
however,	しかしながら,
radically alter the situation.	この状況を根本的に変える。

Lesson
07

In the absence	存在しない場合
of the non-resistant cancer cells,	非耐性がん細胞が,
there is less competition	競争が少なくなる
for energy,	エネルギー面での,
allowing the resistant cells to proliferate.	耐性細胞の増殖を可能にする。

⑧ In animal experiments, 動物実験で,

Gatenby found	ゲーテンビーは発見した
that when mice were given	マウスが与えられたとき
an extremely high dose of drugs,	非常に高用量の薬物を,
their cancerous tumors appeared to vanish.	それら (マウス) のがん性腫瘍は消滅するように見えた。
They would soon come back,	それら (腫瘍) はすぐに復活した,
however,	しかし,
immune to the drugs	薬物に対して免疫を持って
that had previously seemed so effective	以前はとても効果があったと思われる
and would quickly prove fatal.	そしてすぐに致命的となることがわかるのだった。
But more carefully controlled doses	しかしより注意深く制御した投薬量は
changed the outcome.	その結果を変えた。
Researchers used a complex mathematical model	研究者は複雑な数学的モデルを用いた
designed to prevent the enlargement of tumors	腫瘍が拡大しないように設計された
without trying to diminish their volume.	それらの体積を縮小させようとしないで。
This allowed them	このことは彼ら (研究者) が〜することを可能にした
to prolong the mice's lifespans,	マウスの寿命を延ばすこと,
preventing the mice from succumbing	マウスが死ぬことを防ぎながら
to the cancer.	がんで。

⑨ Gatenby believed ゲーテンビーは〜だと思った

that he was witnessing a similar phenomenon	彼は同様の現象を目撃していたということを
to what was observed	観察されたものと
with the diamondback moths.	コナガのときに。
If part of a field were sprayed	畑の一部に散布された場合
with pesticide,	殺虫剤が,
the moths	ガは

that were not resistant to the pesticide	殺虫剤に耐性のない
would escape into the area	そのエリアに逃げるだろう
where there were no chemicals.	薬剤がまかれていない。
Then,	その後,
they were able to move back out	彼らは戻ることができた
into the sprayed areas,	散布済みのエリアに,
preventing the resistant moths	耐性のあるガが〜することを阻んだ
from dominating the population.	群れを支配することを。
Similarly,	同様に,
by monitoring a tumor's volume	腫瘍の体積を監視することによって
and using precise amounts of chemicals	そして正確な量の化学物質を使用することによって
to keep it in check,	それを抑制するために,
Gatenby could prevent	ゲーテンビーは防ぐことができた
the drug-resistant cancer cells	薬剤耐性がん細胞が
from replacing non-resistant ones.	非耐性がん細胞に取って代わることを。
⑩ Gatenby applied	ゲーテンビーは適用した
the same strategy	同じ戦略を
he used on the mice	彼がマウスに対して使用した
to humans.	人間に対して。
Not only are his treatments easier	彼の治療は容易であるだけでなく
on the patients	患者にとって
due to the lower doses of medicine	薬の投与量がより少ないため
that they receive,	患者が受け取る,
but preliminary results indicate	予備段階の結果は示している
that they are also successful	それらは〜も成功していること
in preventing cancer cells	がん細胞が〜することを防ぐことにおいて
from developing into more dangerous forms	より危険な形態に進化することを
that resist treatment.	治療に耐性のある。

Lesson 07

READING

Lesson 08
問題
Questions

W 単 語 数 ▶ **845** 語
⏱ 制限時間 ▶ **20** 分
☑ 目標得点 ▶ **30** /40点

DATE

▶次の英文の内容に関して, (1) 〜 (4) の質問に対する最も適切な答え (または文を完成させるのに最も適切なもの) を **1**, **2**, **3**, **4** の中から 1 つ選びなさい。

How the World Nearly Ended in 1983

By 1983, the cold war between the democratic United States and communist Soviet Union had been threatening to escalate into an armed confrontation for more than 30 years and had led the two nations to accumulate nuclear stockpiles sufficient to obliterate all life on the planet many times over.

The United States enjoyed an early advantage in the nuclear arms race following World War II because it was the first to develop nuclear weapons and long-range bombers. However, Russia soon caught up by developing nuclear-armed aircraft that could reach American airspace. This situation gave birth to MAD, an acronym for Mutual Assured Destruction*. It was based on the idea that by achieving equilibrium in their nuclear capabilities, the outbreak of nuclear war could be avoided because both sides were aware that starting such an exchange would mean their own doom. MAD even contributed to the arms treaties of the 1970s. An ironic way to stave off nuclear Armageddon*, it had nonetheless been the primary means of preserving peace for many years.

It was a tenuous balance that kept the superpowers in check, however. If one side determined that it were possible to triumph over the other in a nuclear exchange, then MAD would be meaningless, and a first strike would be back on the table. In the early 1980s, advisers of both the American President Ronald Reagan and the Soviet Union's Secretary General Yuri Andropov came to the conclusion that it might be possible to

112

wipe out the other nation before it could retaliate. They also knew that if the other side had reached the same conclusion, then MAD was no longer the deterrent it had once been because the other side might engage in some sort of rash action out of fear. Programs like Reagan's proposed Strategic Defense Initiative (SDI) involving the use of space-based lasers and microwaves that could theoretically render the Soviet Union's nuclear weapons obsolete gave very real grounds to such fears. It has been argued, in fact, that SDI was a significant factor in moving the Soviets in the direction of a preemptive nuclear strike, even though it is now clear that it was technically infeasible at the time. Furthermore, Reagan's use of the phrase "evil empire" to describe the Soviet Union increased Soviet fears, causing the Soviets to believe that Reagan was an unstable president who might unleash an attack on them at any moment.

Lesson
08

Contributing to the tension was the so-called C3 problem of command, control, and communications. In order to prevent launches caused by accidents or unauthorized actions by military personnel, elaborate safeguards and communications protocols became necessary on both sides. Both the United States and the Soviet Union used espionage in the hope they could sabotage the other's launch capabilities, and the launch systems became highly vulnerable. This, combined with the tens of thousands of missiles housed in locations around the globe, meant that both nations' capabilities to fully retaliate if they were the victim of a preemptive strike was highly doubtful.

The Soviets became so fearful that they would be unable to respond to a strike effectively that they launched a program called RYaN. Its purpose was to provide advanced warning of an American first strike through the use of espionage. Neither side, however, had an accurate grasp of the other side's true intentions. Russian agents, for example, misinterpreted such things as an unusual number of lights turned on at night in military

buildings as an indicator of the likelihood of an American nuclear first 52
strike. Historian Taylor Downing writes that "the panic in Moscow about 53
the likelihood of a US-led nuclear first strike increased as the intelligence 54
it was gathering confirmed its own worst fears." Washington, however, was 55
blissfully unaware of the Soviet Union's increasing paranoia. This situation, 56
combined with the weakness of a new Soviet government led by a man in 57
failing health, nearly led to catastrophe during a military exercise known as 58
Able Archer 83. 59

Able Archer 83 was a communications exercise carried out by various 60
military headquarters in Europe. The operation was designed to practice 61
the escalation of a conventional war to a nuclear one. Although no armed 62
forces—conventional or nuclear, were actually deployed, a barrage of 63
orders flowed from one military base to another during the exercise. By 64
coincidence, new procedures were being used, and this, combined with the 65
prevailing climate of paranoia, caused Soviet intelligence to misconstrue 66
the operation as an actual nuclear preemptive strike. The entire Soviet 67
nuclear command went on high alert. Nuclear-armed bombers were 68
minutes from taking off, and missile-carrying submarines were sent into 69
attack positions. America, however, never realized how the Soviets were 70
reacting to the exercise and therefore did nothing to deescalate the 71
situation. The crisis only ended when Able Archer 83 came to a conclusion 72
a few days later. While less famous than the Cuban Missile Crisis of 1962, 73
Able Archer 83 is now often considered more terrifying because one side 74
was not even aware of the danger. 75

*Mutual Assured Destruction：相互確証破壊
*Armageddon：アルマゲドン, 世界最終戦争

(**1**)　What factor helped to prevent the use of nuclear weapons before the early 1980s?

　　　1　Because the Americans and Soviets had very different types of nuclear weapons, they were unsure of how best to attack the other.

　　　2　Public fears about the terrible dangers of a nuclear war forced America and the Soviets to negotiate ways to keep the situation peaceful.

　　　3　America's enduring superiority in long-range bombers meant that the Soviets were afraid to attack the United States.

　　　4　Both nations were aware that if they were to launch an attack on the other country, it was likely that they would also be destroyed.

(**2**)　The United States' Strategic Defense Initiative

　　　1　was seen by the Soviets as a factor that could change the balance of power between the US and the Soviet Union, thereby increasing the chances of nuclear war.

　　　2　caused Yuri Andropov's advisers to believe that they should reopen negotiations with the US because its defensive nature was a sign that America was becoming less aggressive.

　　　3　was seen by the Soviets as a sign that their aggressive policies had been successful in showing the US that they were serious about continuing to expand their stocks of nuclear weapons.

　　　4　made the Soviets realize that the US technology was so far ahead of theirs that they were likely to lose if there ever was a nuclear war.

Questions ☞

(**3**) As a result of the C3 problem,

1 neither the Soviets nor the US were certain that they would be able to respond effectively if the other side launched its nuclear missiles first.

2 the Soviets developed an espionage program that was much more effective than the one that the US had set up.

3 it led to the development of communications and security systems that were much more secure than the ones that had been in use in the past.

4 information gained through espionage came to play a less important role in policy decisions than it had in the past.

(**4**) What happened during the Able Archer 83 military exercise?

1 Because its intelligence service believed the United States was preparing for war, the Soviets misinterpreted the exercise as preperation for an actual attack.

2 Its similarity to procedures used in the Cuban Missile Crisis caused the Soviets to fear that it was a practice for a real attack.

3 The fact that it was carried out in Europe rather than the US caused the Soviets to think that the American military was becoming more aggressive than in the past.

4 Because it was designed to counter nuclear bombers and submarines, it made the Soviets more suspicious than they were of other exercises.

ANSWER		
(1) ① ② ③ ④	**(2)**	① ② ③ ④
(3) ① ② ③ ④	**(4)**	① ② ③ ④

Answers & Explanations ☞

解答・解説
Answers & Explanations

青文字＝設問・選択肢の和訳　赤文字＝正解

☐**（1）** 1980年代初めより前に核兵器の使用防止に寄与していた要因は何か。

1 アメリカとソビエトの国民は非常に異なるタイプの核兵器を持っていたので，相手を攻撃するための最善の方法を確信できなかった。

2 核戦争の恐ろしい危険に対する国民の恐れは，アメリカとソビエト連邦に状況を平和に保つ方法を取り決めさせた。

3 長距離爆撃機におけるアメリカの永続的な優位性は，ソビエト連邦がアメリカへの攻撃を恐れてできないことを意味した。

④ 双方の国は，もし相手国に攻撃を仕掛ければ，自国も破壊されてしまう可能性があることを認識していた。

解説▶第2段落第4文で，双方の国は核兵器による応酬を始めると自国が破滅すると気づいていたため，核能力の均衡を保つことによって，核戦争の発生を回避できると考えていたと説明されているので，**4**が正解。第2段落の内容によると，核兵器開発はアメリカが先行して優位に立っていたが，ソビエト連邦もすぐに技術的に追いついたことがわかる。したがって**3**は誤り。ほかの選択肢は本文中に記述されていないので誤り。

☐**（2）** アメリカの戦略防衛構想は…

① ソビエト連邦に，アメリカとソビエト連邦の間の力のバランスを変化させることがあり，それによって核戦争の可能性を増大させる要因であると見なされた。

2 ユーリ・アンドロポフの顧問に，その防衛的性質はアメリカの攻撃性が低下している兆候なので，アメリカとの交渉を再開すべきだと信じ込ませた。

3 ソビエト連邦に，彼らの攻撃的な政策がアメリカへ核兵器の在庫拡大継続に真剣に取り組んでいることを示すのに成功した証拠と見なされた。

4 ソビエト連邦に，アメリカの技術は彼らの技術よりもはるかに進んでおり，核戦争があった場合にはおそらく負けるだろうと認識させた。

解説▶第3段落第5〜6文によると，戦略防衛構想は当時技術的に実行不可能ではあったものの，ソビエト連邦の核兵器を時代遅れにする可能性があったために，ソビエト連邦を先制核攻撃に向かわせる要因となったことが読み取れる。したがって内容に一致する**1**が正解。ほかの選択肢の内容は本文中に記述されていないので誤り。

☐**（3）** C3問題の結果として，…

1. ソビエト連邦もアメリカも，相手国が最初に核ミサイルを発射した場合に効果的に反撃できると確信できていなかった。
2. ソビエト連邦はアメリカが構築したものよりもはるかに効果的なスパイプログラムを開発した。
3. それによって過去に使用されていたものよりもはるかに安全な通信およびセキュリティシステムの開発につながった。
4. スパイ活動を通じて得られた情報は，政策決定において以前ほど重要な役割を果たさなくなった。

解説▶第4段落の内容によると，**アメリカとソビエト連邦は，互いにスパイ活動によって相手国の発射システムを探り合っており，また世界各地に格納されたミサイルの存在とも相まって先制攻撃を受けた場合に完全に報復できるかは疑わしいと考えていた。**この内容に一致する **1** が正解。また，第5段落の内容より，ソビエト連邦はライアンというプログラムを使用したが，結果的に相手側の真の狙いを把握することはできなかった。このことから，ライアンは効果的なプログラムではなかったと判断できるので，**2** は誤り。ほかの選択肢は本文中に記述されていないので誤り。

□ **(4)** エイブルアーチャー 83 軍事演習の間に何が起きたか。
1. 諜報機関はアメリカが戦争の準備をしていると信じていたので，ソビエト連邦はその演習が実際の攻撃のための準備であると誤解した。
2. キューバ・ミサイル危機で使用された手順と類似していたため，ソビエト連邦はそれが実際の攻撃のための練習であると恐れた。
3. それがアメリカではなくヨーロッパで行われたという事実から，ソビエト連邦はアメリカの軍隊が以前よりもより攻撃的になっていると考えるようになった。
4. 軍事演習が核爆撃機や潜水艦に対抗するように設計されていたため，ソビエト連邦はほかの演習に対してよりも疑り深くなった。

解説▶第6段落第4文に「ソビエトの諜報機関はその作戦が実際の核先制攻撃だと誤解してしまった」とあるので，**1** が正解。**3** はエイブルアーチャー 83 がヨーロッパで行われたことは本文と一致しているが，ソビエト連邦はその場所がきっかけでアメリカが攻撃を仕掛けようとしていると考えたわけではないので誤り。**2**，**4** は本文中に記述されていないので誤り。

ANSWER		SCORE	CHECK YOUR LEVEL
(1) ① ② ③ ④	**(2)** ① ② ③ ④	/40点	0～20点 ➡ Work harder!
(3) ① ② ③ ④	**(4)** ① ② ③ ④	(4問×各10点)	21～30点 ➡ OK! 31～40点 ➡ Way to go!

世界はどのように1983年に終わりかけたのか

❶ 1983年までに，民主主義のアメリカ合衆国と共産主義のソビエト連邦間の冷戦は，30年以上，武力衝突にエスカレートする恐れがある状態だった。そして2つの国は地球全体のすべての生命を何度も絶滅させるのに十分な量の核備蓄をため込むようになっていた。

❷ アメリカは，核兵器や長距離爆撃機を初めて開発したため，第二次世界大戦後の核軍拡競争において早くから優位に立った。しかし，ロシアはアメリカの領空へ到達できる核武装航空機を開発してすぐに追いついた。この状況によって，相互確証破壊の頭字語であるMADが生まれた。それは，そのような応酬を始めると自国が破滅すると双方が気づいていたため，核能力の均衡を取ることによって，核戦争の発生を回避できるという考えにもとづいていた。MADは1970年代の武器条約に寄与さえした。核の世界最終戦争を免れるための皮肉な手段だったにもかかわらず，それは長年平和を維持するための主要な手段となっていた。

❸ しかし，超大国を牽制（けんせい）するものはもろい均衡だった。一方の国が核の応酬のなかで他方を打ち負かすことが可能だと決定づけた場合，MADは無意味となるだろうし，さらに先制攻撃が再び検討されることになるだろう。1980年代初頭，アメリカ大統領のロナルド・レーガンとソビエト連邦の書記長ユーリ・アンドロポフの両顧問は，報復される前に相手国を全滅させられるかもしれないという結論に達した。彼らはまた，相手側が同じ結論に達した場合，相手側が恐怖から何らかの軽はずみな行動を起こす可能性があるため，MADはもはやかつてのような戦争抑止力ではなくなることもわかっていた。レーガンが提案した戦略防衛構想（SDI）のような計画は，宇宙空間から発射されるレーザーやマイクロ波の使用に関連しており，理論的にはソビエト連邦の核兵器を時代遅れにする可能性があったため，そのような恐れに非常に現実的な根拠を与えた。実際のところ，当時は技術的に実行不可能であったことは現在では

明らかだが，SDIはソビエト連邦に先制核攻撃の道へ向かわせる重要な要素だったと主張されている。そのうえ，レーガンがソビエト連邦を表すために「悪の帝国」という言葉を使用したことが，ソビエト連邦の恐怖を煽り，ソビエト連邦はレーガンがいつでも攻撃を仕掛ける可能性がある不安定な大統領だと信じ込むようになった。

❹ 緊張の一因となったのが，指揮，統制，通信のいわゆるC3問題だった。事故や軍人の無許可での行動による発射を防ぐために，入念な安全策と通信規約が双方の側で必要になった。アメリカ合衆国とソビエト連邦の両国は相手側の発射機能を破壊できることを期待してスパイ活動を行い，発射システムは非常に攻撃を受けやすい状態になった。このことと世界中の各所に格納されている数万のミサイルを考え合わせると，先制攻撃の犠牲者となった場合に，両方の国がもつ完全に報復できるような能力は非常に疑わしいものだということを意味していた。

❺ ソビエト連邦は，攻撃に対して効果的に応じることができなくなるのを非常に恐れて，ライアンと呼ばれるプログラムを始めた。その目的は，スパイ活動を利用してアメリカの先制攻撃を事前に警告することだった。しかし，どちら側も相手側の真の狙いを正確に把握していなかった。例えば，ロシアのスパイは，夜間に軍事施設で通常と異なった数の照明がついていることを，アメリカの核先制攻撃が起こりそうな指標だと誤解した。歴史家のテイラー・ダウニングは，「収集していた情報が自身の最悪の事態に対する恐れを裏付けたため，アメリカ主導の核先制攻撃の可能性に対するパニックがモスクワで増加した」と述べている。しかしワシントンでは，ソビエト連邦で増加した被害妄想について幸いなことに全く気づいていなかった。この状況は，病気の男が率いる新たなソビエト政府の弱点と相まって，エイブルアーチャー83として知られる軍事演習中の大惨事に危うくつながるところだった。

❻ エイブルアーチャー83は，ヨーロッパの様々な軍事本部によって行われた通信演習である。そ

の作戦は従来の戦争から核戦争への拡大を実行するために設計された。従来型と核，どちらも実際に軍隊が配備されることはなかったが，演習中に，ある軍基地から別の軍基地へと次々と命令が流れた。偶然にも（その作戦には）新しい手順が使用されており，広まっていた被害妄想の風潮とこのことが相まって，ソビエトの諜報機関はその作戦が実際の核先制攻撃だと誤解してしまった。ソビエトの核司令部隊全体が厳戒態勢に入った。核武装爆撃機が数分で離陸できる態勢に入り，ミサイルを搭載した潜水艦が攻撃位置に送られた。しかしアメリカは，ソビエトが演習に対してどのような反応をしているかに全く気づいていなかったため，その状況を緩和するための対処は何もしなかった。その危機は，数日後にエイブルアーチャー83が終了したときにやっと結末を迎えた。1962年のキューバ・ミサイル危機ほど有名ではないが，現在，エイブルアーチャー83は一方の側が危険に気づいてすらいなかったため，しばしばより恐ろしいと考えられている。

重要語句リスト

❶

☐ nuclear stockpile ㊂ 核備蓄
☐ obliterate ㊍ ～を絶滅させる

❷

☐ enjoy an advantage
　　　　　　　㊡ 優位に立つ，有利になる
☐ catch up ㊡ 追いつく
☐ airspace ㊂ 領空
☐ acronym ㊂ 頭字語
☐ equilibrium ㊂ 均衡，釣り合い
☐ stave off ～ ㊡ ～を免れる

❸

☐ tenuous ㊟ もろい，薄い
☐ superpower ㊂ (軍事的，政治的) 超大国
☐ on the table ㊡ 検討中で，審議中で
☐ retaliate ㊍ 報復する
☐ deterrent ㊂ (核兵器などの) 戦争抑止力
☐ theoretically ㊤ 理論上
☐ obsolete ㊟ 廃れた
☐ preemptive ㊟ 先制攻撃の
☐ infeasible ㊟ 実行不可能な
☐ unleash ㊍ ～を引き起こす，爆発させる

❹

☐ unauthorized ㊟ 正式に許可されていない
☐ safeguard ㊂ 安全装置
☐ protocol ㊂ プロトコル，規約
☐ espionage ㊂ スパイ行為
☐ sabotage ㊍ ～に破壊工作を行う
☐ vulnerable ㊟ 脆弱な，攻撃を受けやすい
☐ missile ㊂ ミサイル

❺

☐ intelligence ㊂ 諜報機関，機密情報
☐ be blissfully unaware
　　　　　　　㊡ 幸いなことに全く気づかない，
　　　　　　　　　知らぬが仏の状態である
☐ paranoia ㊂ 被害妄想

❻

☐ deploy ㊍ ～を配備する
☐ barrage ㊂ 連発
☐ by coincidence ㊡ 偶然に
☐ misconstrue ㊍ ～を誤解する
☐ high alert ㊂ 厳戒態勢
☐ deescalate ㊍ ～を緩和させる

Lesson
08

Lesson 08
要点整理
Paragraph Summary

◀)) 音声 ▶ L&R_LV6_08-Q

▶音声を聞きながら, ①～⑦の空欄を埋め, 段落ごとの
要旨を確認しましょう(解答は下部にあります)。

How the World Nearly Ended in 1983

❶ ◇ **the cold war between the democratic United States and communist Soviet Union**

(1) had been threatening to escalate into an armed confrontation for more than 30 years

(2) led to accumulate nuclear stockpiles sufficient to [① o_____] all life

❷ ◇ **MAD (Mutual Assured Destruction)**

the United States	Russia
• enjoyed an early advantage in the nuclear arms race	• developing nuclear-armed aircraft that could reach American airspace
← developed nuclear weapons and long-range bombers first	→ soon caught up

└➤ both sides were aware that starting an exchange would mean their own doom

⟶ MAD

the [② o_____] of nuclear war could be avoided
→ contributed to the arms treaties of the 1970s

❸ ◇ **a tenuous balance kept the superpowers in check**

• possible to triumph over the other in a nuclear exchange
　→ MAD would be meaningless and a first strike would be back on the table
• the early 1980s : possible to [③ w___ o__] the other nation before it
　　　　could retaliate
• Reagan's proposed Strategic Defense Initiative (SDI)
　→ gave very real grounds to such fears
• Reagan's use of the phrase "evil empire"
　→ the Soviet's belief that he was an unstable president who might unleash an attack on them at any moment

---

【解答】　① obliterate　② outbreak　③ wipe out

【和訳】

世界は 1983 年にどのように終わりかけたのか

❶　◇ 民主主義のアメリカと共産主義のソビエト連邦間の冷戦

(1) 30 年以上武力間衝突にエスカレートする恐れがあった

(2) すべての生命を絶滅させるのに十分な量の核備蓄のため込みをもたらした

❷　◇ MAD（相互確証破壊）

アメリカ	ロシア
・ 核軍拡競争において早くから優位に立った	・ アメリカの領空へ到達できる核武装航空機を開発
← 最初に核兵器と長距離爆撃機を開発した	→ すぐに追いついた

┗━▶ 応酬を始めると自国が破滅することに双方が気づいていた

　　　　　　　　━━▶ MAD

　　　核戦争の発生は回避できる

　　　→1970 年代の武器条約に寄与した

❸　◇ 超大国を牽制するものはもろい均衡だった

・ 核の応酬で，他方を打ち負かすことが可能になる

　　→ MAD は無意味となり，先制攻撃が再検討されるだろう

・1980 年初頭：報復される前に，相手国を全滅させることが可能

・ レーガンが提案した戦略防衛構想（SDI）

　　→ そのような恐れに非常に現実的な根拠を与えた

・ レーガンの「悪の帝国」という言葉の使用

　　→ 彼がいつでも攻撃を仕掛ける可能性がある不安定な大統領だというソビエト連邦の確信

❹ ◇ **the C3 problem = command, control, and communications**

→ used espionage to sabotage the other's launch capabilities

→ the launch systems became [④ h_____ v_____]

→ capability to fully retaliate if they were the victim of a preemptive strike was highly doubtful

❺ ◇ **the Soviets**

・launched a program (RYaN)

→ to provide advanced warning of an American first strike through the use of espionage

↔ neither side had an accurate grasp of the other side's [⑤ t___ i_____]

e.g. : Russian agents misinterpreted : an unusual number of lights turned on at night in military buildings = an American nuclear first strike

↔ Washington : unaware of the Soviet Union's paranoia

→ nearly led to [⑥ c_____]

❻ ◇ **a barrage of orders flowed from one military base to another during the exercise**

・Soviet intelligence : misconstrued the operation as an actual nuclear [⑦ p_____ s_____]

→ went on high alert

↔ America : never realized how the Soviets reacted

→ the crisis ended when Able Archer 83 came to a conclusion a few days later

・Able Archer 83 : more terrifying

← one side was not even aware of the danger

【解答】 ④ highly vulnerable ⑤ true intentions ⑥ catastrophe ⑦ preemptive strike

❹　◇ C3 問題＝指揮，統制，通信

　→ 相手側の発射機能を妨害するためのスパイ活動の使用

　→ 発射システムが，非常に攻撃を受けやすくなった

　　→ 先制攻撃の犠牲者となった場合，完全に報復できるかは非常に疑わし
　　　かった

❺　◇ ソビエト

・プログラム（ライアン）を始めた

　→ スパイ活動を利用してアメリカの先制攻撃を事前に警告するため

↔ どちら側も相手側の真の狙いを把握していなかった

　　　　例：ロシアのスパイは誤解した：夜間に軍事施設で通常時よりも多く
　　　　　　の照明の電源が入っていること＝アメリカの核先制攻撃

↔ ワシントン：ソビエト連邦の被害妄想に気づいていなかった
→ 危うく大惨事につながるところだった

❻　◇ 演習中にある軍基地から別の軍基地へと次々と命令が流れた

・ソビエトの諜報機関：その作戦が実際の核先制攻撃であると誤解

→ 厳戒態勢に入った
↔ アメリカ：ソビエトの反応に全く気づいていなかった
→ その危機は数日後にエイブルアーチャー 83 が終了したときに終わった

・エイブルアーチャー 83：より恐ろしい
← 一方の側が危険性に気づいてさえいなかった

Lesson 08
速読練習
Sight Translation

🔊 音声 ▶ **L&R_LV6_08-ST**

英語	和訳
How the World Nearly Ended in 1983	世界はどのように 1983 年に終わりかけたのか
❶ By 1983,	1983 年までに,
the cold war	冷戦は
between the democratic United States and communist Soviet Union	民主主義のアメリカ合衆国と共産主義のソビエト連邦の間の
had been threatening to escalate	エスカレートする恐れがあった
into an armed confrontation	武力衝突に
for more than 30 years	30 年以上
and had led the two nations	そして 2 つの国が〜するように至らしめた
to accumulate nuclear stockpiles	核備蓄をため込むことに
sufficient to obliterate all life	生命すべてを絶滅させるのに十分な
on the planet	地球全体の
many times over.	何度も。
❷ The United States enjoyed an early advantage	アメリカは早くから優位に立った
in the nuclear arms race	核軍拡競争において
following World War II	第二次世界大戦後の
because it was the first to develop nuclear weapons	核兵器を初めて開発したため
and long-range bombers.	そして長距離爆撃機を。
However,	しかし,
Russia soon caught up	ロシアはすぐに追いついた
by developing nuclear-armed aircraft	核武装航空機を開発することによって
that could reach American airspace.	アメリカの領空へ到達できる。
This situation gave birth to MAD,	この状況によって MAD が生まれた,
an acronym for Mutual Assured Destruction.	相互確証破壊の頭字語である。
It was based on the idea	それは考えにもとづいていた
that by achieving equilibrium	均衡を取ることによって
in their nuclear capabilities,	彼らの核能力の,
the outbreak of nuclear war	核戦争の発生を
could be avoided	回避できる
because both sides were aware	なぜなら双方は気づいていた
that starting such an exchange	そのような応酬を始めることは

would mean their own doom.	自国が破滅することを意味した。
MAD even contributed	MAD は寄与さえした
to the arms treaties of the 1970s.	1970 年代の武器条約に対して。
An ironic way	皮肉な手段
to stave off nuclear Armageddon,	核の世界最終戦争を免れるための,
it had nonetheless been the primary means	それにもかかわらずそれは主要な手段となっていた
of preserving peace	平和を維持する
for many years.	長年にわたって。
❸ It was a tenuous balance	もろい均衡だった
that kept the superpowers in check,	超大国を牽制する,
however.	しかし。
If one side determined	もし一方の国が結論づけたならば
that it were possible to triumph	打ち負かすことが可能だということ
over the other	他方を
in a nuclear exchange,	核の応酬で,
then MAD would be meaningless	MAD は無意味となる
and a first strike would be back on the table.	そして先制攻撃は再び検討されるだろう。
In the early 1980s,	1980 年代初頭,
advisers of both	両顧問は
the American President Ronald Reagan	アメリカ大統領のロナルド・レーガン
and the Soviet Union's Secretary General Yuri Andropov	そしてソビエト連邦の書記長ユーリ・アンドロポフ
came to the conclusion	結論に達した
that it might be possible	可能であるかもしれない
to wipe out the other nation	相手国を全滅させること
before it could retaliate.	報復される前に。
They also knew	彼らはまたわかっていた
that if the other side had reached	もし相手側がたどり着いていた場合
the same conclusion,	同じ結論に,
then MAD was no longer the deterrent it had once been	MAD はもはやかつてのような戦争抑止力ではなくなる
because the other side might engage	なぜなら相手側は〜を起こす可能性があるからだ
in some sort of rash action	何らかの軽はずみな行動を
out of fear.	恐怖で。
Programs like Reagan's proposed	レーガンが提案したような計画は

Lesson
08

127

Strategic Defense Initiative (SDI)	戦略防衛構想（SDI）
involving the use of space-based lasers	宇宙から発せられるレーザーの利用に関連する
and microwaves	そしてマイクロ波
that could theoretically render	理論的には〜という状態にする可能性があった
the Soviet Union's nuclear weapons	ソビエト連邦の核兵器を
obsolete	時代遅れに
gave very real grounds	非常に現実的な根拠を与えた
to such fears.	そのような恐れに対して。
It has been argued,	主張されている，
in fact,	実際のところ，
that SDI was a significant factor	SDIは重要な要素だった
in moving the Soviets	ソビエトに〜へ向かわせる
in the direction of a preemptive nuclear strike,	先制核攻撃の方向へ，
even though it is now clear	現在では明らかだが
that it was technically infeasible	それは技術的に実行不可能だった
at the time.	当時は。
Furthermore,	そのうえ，
Reagan's use of the phrase	レーガンが〜という言葉を使用したことは
"evil empire"	「悪の帝国」
to describe the Soviet Union,	ソビエト連邦を表すために，
increased Soviet fears,	ソビエトの恐怖を煽り，
causing the Soviets to believe	彼らは信じ込むようになっていった
that Reagan was an unstable president	レーガンは不安定な大統領だ
who might unleash an attack on them	彼らに対して攻撃を仕掛ける可能性がある
at any moment.	いつでも。
❹ Contributing to the tension	緊張の一因となったのが
was the so-called C3 problem	いわゆるC3問題だった
of command, control, and communications.	指揮，統制，通信の。
In order to prevent launches	発射を防ぐために
caused by accidents or unauthorized actions	事故や無許可での行動によって起こる
by military personnel,	軍人による，
elaborate safeguards and communications protocols	精巧な安全策と通信規約が
became necessary	必要になった

on both sides.	双方の側において。
Both the United States and the Soviet Union used espionage	アメリカとソビエト連邦の両国はお互いにスパイ活動を行った
in the hope	期待して
they could sabotage the other's launch capabilities,	相手側の発射機能を破壊できる,
and the launch systems	そして発射システムは
became highly vulnerable.	非常に攻撃を受けやすい状態になった。
This,	このことは,
combined with the tens of thousands of missiles	数万のミサイルと考え合わさって
housed in locations	各所に格納されている
around the globe,	世界中の,
meant that both nations' capabilities	両国の能力は〜ということを意味した
to fully retaliate	完全に報復するための
if they were the victim	もし彼らが犠牲者となった場合
of a preemptive strike	先制攻撃の
was highly doubtful.	非常に疑わしい。
❺ The Soviets became so fearful	ソビエト連邦は非常に恐れるようになった
that they would be unable	彼らができなくなるかもしれないことを
to respond to a strike effectively	効果的に攻撃に対して応じること
that they launched a program	彼らはあるプログラムを始めた
called RYaN.	ライアンと呼ばれる。
Its purpose was to provide	その目的は〜を与えることだった
advanced warning	事前の警告を
of an American first strike	アメリカの先制攻撃の
through the use of espionage.	スパイ活動の利用を通して。
Neither side,	どちら側も〜ない,
however,	しかし,
had an accurate grasp	正確に把握した
of the other side's true intentions.	相手側の真の狙いを。
Russian agents,	ロシアのスパイは,
for example,	例えば,
misinterpreted such things	そのようなことを誤解した
as an unusual number of lights	異常な数の照明が
turned on at night	夜間についていた

Lesson 08

in military buildings	軍事施設で
as an indicator	指標として
of the likelihood of an American nuclear first strike.	アメリカの核先制攻撃の可能性の。
Historian Taylor Downing writes	歴史家のテイラー・ダウニングは述べている
that "the panic in Moscow	「モスクワでのパニックは
about the likelihood	～の可能性に関する
of a US-led nuclear first strike	アメリカ主導の核先制攻撃の
increased	高まった
as the intelligence	情報が理由で
it was gathering	それが収集していた
confirmed its own worst fears."	自身の最悪の事態に対する恐れを裏付けた」。
Washington,	ワシントンでは,
however,	しかし,
was blissfully unaware	幸いなことに全く気づいていなかった
of the Soviet Union's increasing paranoia.	ソビエト連邦で増加していた被害妄想を。
This situation,	この状況は,
combined with the weakness	弱点と相まって
of a new Soviet government	新たなソビエト政府の
led by a man in failing health,	病気の男が率いる,
nearly led to catastrophe	危うく大惨事につながるところだった
during a military exercise	軍事演習中の
known as Able Archer 83.	エイブルアーチャー83として知られる。
❻ Able Archer 83 was a communications exercise	エイブルアーチャー83は通信演習だった
carried out	行われた
by various military headquarters	様々な軍事本部によって
in Europe.	ヨーロッパの。
The operation was designed	その作戦は設計された
to practice the escalation	拡大を実行するために
of a conventional war	従来の戦争を
to a nuclear one.	核戦争への。
Although no armed forces— conventional or nuclear,	従来型の軍隊でも核でもなかったが,
were actually deployed,	実際に配備された,
a barrage of orders flowed	次々と命令が流れた
from one military base	ある軍基地から
to another	別の軍基地へと

during the exercise.	演習中に。
By coincidence,	偶然にも,
new procedures were being used,	新しい手順が使用されていた,
and this,	そしてこのことは,
combined with the prevailing climate of paranoia,	広く行き渡っている被害妄想の風潮と相まった,
caused Soviet intelligence	ソビエトの諜報部員に〜を引き起こした
to misconstrue the operation	その作戦を誤解することを
as an actual nuclear preemptive strike.	実際の核先制攻撃として。
The entire Soviet nuclear command	ソビエトの核司令部隊全体は
went on high alert.	厳戒態勢になった。
Nuclear-armed bombers	核武装爆撃機は
were minutes from taking off,	数分で離陸できる態勢になった,
and missile-carrying submarines	そしてミサイルを搭載した潜水艦は
were sent	送られた
into attack positions.	攻撃位置に。
America,	アメリカは,
however,	しかし,
never realized	全く気づいていなかった
how the Soviets were reacting	ソビエトがどのような反応をしているか
to the exercise	演習に対して
and therefore did nothing	したがって何もしなかった
to deescalate the situation.	状況を緩和するための。
The crisis only ended	その危機はやっと終わった
when Able Archer 83 came to a conclution	エイブルアーチャー 83 が終了したとき
a few days later.	数日後に。
While less famous	〜より有名ではないが
than the Cuban Missile Crisis	キューバ・ミサイル危機よりも
of 1962,	1962 年の,
Able Archer 83 is now often considered	エイブルアーチャー 83 は現在しばしば考えられている
more terrifying	より恐ろしい
because one side	なぜなら一方の側は
was not even aware	気づいてすらいなかった
of the danger.	危険に。

Lesson 08

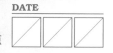

▶次の英文の内容に関して, (1) ～ (4) の質問に対する最も適切な答え (または文を完成させるのに最も適切なもの) を **1**, **2**, **3**, **4** の中から1つ選びなさい。

Climate Engineering

According to the United Nation's recent Intergovernmental Panel on Climate Change (IPCC), Earth's temperature has increased by a full degree since the start of the Industrial Revolution. The IPCC asserts that should temperatures rise by more than an additional half degree over the next dozen years, the results could be catastrophic.

Numerous attempts have, of course, been made to reduce carbon output through treaties, citizens' movements, and business initiatives, yet these have lagged behind the action scientists say is necessary to solve the crisis. Factors including political deadlock, skepticism about whether climate change is man-made, and fears of the economic fallout from cutting back on activities that produce carbon have all contributed to the problem. Now, with rising seas, prolonged droughts, hurricanes of unprecedented severity, and devastating wildfires, the world is in uncharted climatic territory, and radical solutions that were once scoffed at are increasingly gaining traction in the scientific community.

One such measure is climate engineering, and, in particular, a technique known as Solar Radiation Management (SRM). Advocates of SRM believe active measures will have to be taken to counteract the greenhouse effect that atmospheric CO_2 is creating in our atmosphere, rather than merely trying to keep it from getting worse. One scientist who sees promise in SRM is Peter Irvine of Harvard University, whose team examined the possible impact it would have on Earth's climate. The research was based on the likely scenario of a future doubling of atmospheric CO_2. It explored the anticipated effects of using some mechanism such as drones or tethered balloons to spray tiny reflective particles, known as aerosols, into the atmosphere on a continuous basis. The team argued that the method could shield Earth from the sun's rays. Pointing to the fact that sulfur dioxide emitted into the atmosphere by volcanic activity blocks solar radiation by combining with moisture in the air to form aerosols, SRM advocates have proposed that this technique could mitigate the effects of global warming.

In other studies that evaluated the potential impact of SRM, researchers based their calculations on interventions that would seek to offset all the effects of atmospheric CO_2. Irvine's team, however, looked at what would happen if only enough reflective particles were released to reduce the temperature rise by half. His key insight was that this could alleviate the so-called "winners and losers" issue that has plagued previous proposals for SRM, whereby some people enjoy the benefits of geoengineering while others fare much worse. For example, some extreme forms of geoengineering have the potential to drastically increase precipitation in areas that tend to receive more moisture and bring about droughts in areas that naturally receive less. Using highly sophisticated computer models, Irvine and his team analyzed the globe region by region to determine whether each region's climate would be upset by an SRM intervention.

Irvine's team took numerous variables into account, including precipitation levels and hurricane intensity. They found that although a future doubling of CO_2 levels would likely result in a 3 percent increase in global precipitation if nothing was done to prevent it, the rise could be limited to just half a percent with a less aggressive form of SRM. Furthermore, Irvine's team reported that its results did not support claims that SRM's "benefits and harms always have a strongly unequal distribution." In fact, only a tiny fraction of Earth's regions would see a precipitation decline, and, while over a quarter of regions would see an increase, it would be a modest one that people would be able to cope with.

Irvine's research has been heavily criticized, however. Some are skeptical about his analysis of the data, others question the methods described, and some contend that the plan would not be economically feasible. But an even larger shadow looming over the idea of SRM—and geoengineering in general—is an issue known as termination shock. Were SRM to alleviate the effects of global warming, people might treat it less seriously, despite the high levels of carbon remaining in the atmosphere. In other words, SRM addresses the symptoms rather than the disease. Unlike carbon, the aerosols that would be released with SRM have a limited lifespan, and, if there were to be an abrupt cessation of the SRM plan due to a change in government or a shift in public attitudes, the consequences could be drastic. Rather than the gradual rise in temperature associated with global warming, a temperature increase could come extremely suddenly because of all the accumulated carbon in the atmosphere. It seems, therefore, that, while SRMs have potential as a way to mitigate climate change, the associated dangers mean that it would be wise to regard the technology as a last resort.

(**1**) In recent years, solar radiation management (SRM) has

    1 been criticized by a UN organization because other methods of fighting climate change have not been given sufficient time to take effect.

    2 changed its focus due to data that indicates that global warming has been occurring for longer than previously believed.

    3 begun to be taken more seriously because of the severity of the climate change problem and a lack of other options.

    4 led to deadlock in political debates because of arguments about what its economic effects are likely to be.

(**2**) Peter Irvine's study took the approach of

    1 examining what would be likely to happen if a moderate form of geoengineering were attempted.

    2 developing artificial methods of adding sulfur to the atmosphere in order to supplement the particles that are released naturally by volcanoes.

    3 attempting to demonstrate that the common assumption that CO_2 levels will eventually double is incorrect.

    4 comparing the results of volcanic activity with proposed artificial methods of cooling down the planet.

Questions ☞

(3)　What conclusion did Irvine's study reach?

1　Although they would initially be beneficial, SRMs would later become extremely harmful to most regions in the world.

2　The more reflective particles that are released into the atmosphere, the more precipitation will decrease around the world.

3　It is likely that although SRMs would create more helpful precipitation, they would also create hurricanes that do more harm.

4　It is possible to reduce climate change without creating extreme differences between regions that would benefit some and harm others.

(4)　What is one criticism of SRM?

1　Since it could be more dangerous than global warming itself if it were stopped suddenly, it should be avoided if possible.

2　Although it could reduce the amount of carbon in the atmosphere, it would not have a significant effect on global temperatures.

3　Because it would take so long for the aerosols to remove carbon from the atmosphere, other quicker methods should be used instead.

4　Despite the fact that it could likely reverse global warming completely, doing so would be even more dangerous than letting it continue.

ANSWER			
(1) ① ② ③ ④	**(2)** ① ② ③ ④		
(3) ① ② ③ ④	**(4)** ① ② ③ ④		

Answers & Explanations ☞

READING

Lesson 09
解答・解説
Answers & Explanations

🔊 英文音声 ▶ L&R_LV6_09-Q

青文字＝設問・選択肢の和訳　赤文字＝正解

□ **(1)**　近年，太陽放射管理（SRM）は…

    1　気候変動と戦うほかの方法が効果を出すのに十分な時間が与えられていないため，国連組織によって批判された。

    2　地球温暖化は以前考えられていたよりも長く発生し続けていることを示すデータによって，焦点を変えた。

    ③　気候変動問題の深刻さとほかの選択肢がないことが原因で，より真剣に受け止められ始めた。

    4　それの経済的影響がどのようなものになりそうかについての議論によって，政治的論争の行き詰まりを招いた。

解説 ▶ 第2段落で，炭素排出量を削減するための試みは行われているものの，解決には至っていないため，**ある急進的な解決策が注目を集めている**と説明されている。続く第3段落第1文で，**その解決策の1つとして SRM が挙げられている**ので，これらの内容に一致する **3** が正解。ほかの選択肢は本文中に記述されていないので誤り。

□ **(2)**　ピーター・アーバインの研究では，…というアプローチをした。

    ①　適度な方式の地球工学を試みた場合に何が起こりうるかを調査する

    2　火山から自然に放出される粒子を補うために，人工的に硫黄を大気へ加える方法を開発する

    3　二酸化炭素濃度がゆくゆくは2倍になるという一般的な仮説が正しくないことを実証しようとする

    4　火山活動の結果と，提案された人工的に惑星を冷却する方法を比較する

解説 ▶ 第5段落第2文より，アーバインのチームは「**比較的緩やかな SRM を行うとその（二酸化炭素濃度の）増加がわずか 0.5 パーセントに抑制される可能性があることを明らかにした**」ことが読み取れるので，**1** が正解。なお，本文中のアーバインの研究は大気中の二酸化炭素が将来倍になるという予測にもとづいていることが説明されており，この仮説を否定しようとはしていないので **3** は誤り。ほかの選択肢は本文中に記述されていないので誤り。

□ **(3)**　アーバインの研究はどのような結論に達したか。

    1　SRM ははじめは有益かもしれないが，のちに世界のほとんどの地域にとって非常に有害なものとなる。

2 大気中に放出される反射粒子が多いほど，世界中で降水量が減少する。

3 SRM はより有益な降雨を生み出すかもしれないが，同時により有害なハリケーンも生み出す可能性がある。

④ 一部の地域には利益をもたらすがほかの地域には有害だというような，地域間での極端な差異を生じることなく，気候変動を少なくすることが可能である。

解説▶第4段落の最後の文で，アーバインのチームが SRM による各地域の気候への影響を調査したことが述べられている。その結果，第5段落第3～4文によると，SRM によって降水量に変化が見られるのはごく一部の地域であり，その変化についても対処可能な程度であることが示された。したがって，SRM により受ける利益や害は，各地域間において大きな差にはならないことがわかるので，この内容と一致する **4** が正解。ほかの選択肢は本文中に記述されていないので誤り。

□**(4)** SRM に対する批判のうちの 1 つはどれか。

① 急に中止してしまうと地球温暖化そのものよりも危険な状態になるかもしれないので，なるべく避けなければならない。

2 大気中の炭素量は減らせるかもしれないが，地球の気温に大きな影響を与えることはないだろう。

3 エアロゾルが大気から炭素を除去するには非常に時間がかかるので，それの代わりにほかのより速い方法を利用する必要がある。

4 地球温暖化を完全に覆せる可能性があるにもかかわらず，そうすることは地球温暖化を進行させるよりもはるかに危険である。

解説▶第6段落では SRM 計画に対する批判が述べられている。第6段落第6文によると，地球温暖化の場合は温度が徐々に上昇するが，もし SRM 計画を突然停止した場合，大気中に蓄積された炭素によって急激な温度上昇が起こる可能性があるとわかる。したがって内容に一致する **1** が正解。ほかの選択肢は本文中に記述されていないので誤り。

ANSWER		SCORE	CHECK YOUR LEVEL
(1) ① ② ③ ④ **(2)** ① ② ③ ④		/40点	0～20点 ➡ *Work harder!* 21～30点 ➡ *OK!*
(3) ① ② ③ ④ **(4)** ① ② ③ ④		(4問×各10点)	31～40点 ➡ *Way to go!*

【和訳】

気候工学

❶ 国連が最近設けた気候変動に関する政府間パネル（IPCC）によると，産業革命の開始以来，地球の温度は丸々 1 度上昇している。IPCC は次の十数年でさらに 0.5 度以上気温が上昇した場合，結果は壊滅的なものになる可能性があると断言している。

❷ もちろん，条約，市民運動，企業の自発的な取り組みを通じて炭素排出量を削減するために数多くの試みが行われてきたが，その危機を解決するために必要であると科学者が述べる行動に対しては遅れをとっている。政治的行き詰まり，気候変動が人為的であるかどうかについての懐疑論，および炭素を排出する活動を削減することによる経済的低迷の恐れを含む諸要因が，その問題のすべての原因であった。現在，海面上昇や長引く干ばつ，空前の激しさのハリケーン，壊滅的な山火事により，世界は未知の気候領域にあり，かつては嘲笑された急進的な解決策が科学界でますます注目を集めている。

❸ そのような方策の 1 つは気候工学であり，特に太陽放射管理（SRM）として知られる技術である。SRM の支持者は，大気中で二酸化炭素が生み出している温室効果が単に悪化しないように試みるよりもむしろ，温室効果を打ち消すための積極的な対策を講じる必要があると考えている。SRM が有望だとする科学者の 1 人である，ハーバード大学のピーター・アーバインのチームは，温室効果が地球の気候に及ぼす可能性のある影響を調査した。その研究は，大気中の二酸化炭素が将来倍になるだろうという起こりそうな筋書きにもとづいていた。ドローンや係留気球などの装置を利用して，エアロゾルとして知られる微小な反射粒子を大気中に継続的に噴霧することによって予想される影響を調査した。そのチームは，その方法によって地球を太陽光線から保護できうると主張した。火山活動によって大気中に放出された二酸化硫黄が空気中の水蒸気と結合することによりエアロゾルを形成し，それが太陽放射を遮断するという事実を指摘して，SRM 支持者はこの技術が地球温暖化の影響を緩和するかもしれないと提案した。

❹ SRM の潜在的な影響を評価したほかの研究において，研究者たちは，大気中の二酸化炭素がもたらすあらゆる影響を相殺しようという介入にもとづいた計算を行った。しかしアーバインのチームは，気温上昇を半減させるのに十分な量の反射粒子のみが放出された場合に何が起こるかについて検討した。彼の鍵となる洞察は，これによってかねてから SRM の提案の邪魔をしていた，いわゆる「勝者と敗者」の問題，つまりそれによって地球工学の恩恵を受ける人もいれば，その一方で，より一層うまくいかなくなる人もいるという点を緩和できるということだった。例えば，地球工学のいくつかのより極端な手法は，比較的湿潤な地域で降水量を劇的に増やし，もとから降水量が少ない地域で干ばつを引き起こす可能性がある。アーバインと彼のチームは，非常に高度なコンピューターモデルを使用して，地球を地域ごとに分析し，各地域の気候が SRM の介入によって乱れるかどうかを割り出した。

❺ アーバインのチームは，降水量のレベルやハリケーンの強度を含む多くの変数を考慮した。彼らは二酸化炭素濃度が将来 2 倍になると，防止策を一切講じなければ地球全体の降水量が 3 パーセント増加する可能性があるが，比較的緩やかな SRM を行うとその増加がわずか 0.5 パーセントに抑制される可能性があることを明らかにした。さらに，アーバインのチームは，その分析結果が SRM は「常に利益と損失がきわめて不平等に分配される」という主張を支持しなかったと報告した。実際，降水量の減少が見られるのは地球のごく一部の地域だけであり，そして，4 分の 1 以上の地域では増加が見られるが，それは対処することが可能であるような緩やかなものだ。

❻ しかしアーバインの研究は厳しく批判されてきた。彼のデータ分析に対して懐疑的な人もいれば，前述した方法に疑問をもつ人もおり，そしてその計画は経済的に実現不可能だろうと主張する人もいる。しかし，SRM の考え，そして地球工学

に全般的に漂うさらに大きな影は，停止ショックと呼ばれる問題である。もし SRM が地球温暖化の影響を緩和したならば，大気中に残っている炭素が高いレベルにもかかわらず，人々はそのことをあまり深刻に受け止めないかもしれない。言い換えれば，SRM は病気よりもむしろその症状に対して取り組むものなのである。炭素とは異なり，SRM で放出されるエアロゾルの寿命には限りがあり，さらに，もし政権交代や世論の変化により SRM 計画が突然停止した場合，その結果は極端なものになる可能性がある。地球温暖化に伴い徐々に温度が上昇するのではなく，大気中に蓄積されたすべての炭素が原因となって，急激な温度上昇が起こる可能性があるのだ。したがって SRM は，気候変動を緩和する方法としての可能性を秘めているが，それに伴う危険性がある以上は，その技術を最後の手段と見なしておくことが賢明であろう。

重要語句リスト

❶

☐ assert	動	～と断言する
☐ catastrophic	形	壊滅的な

❷

☐ treaty	名	条約
☐ lag	動	遅れる
☐ deadlock	名	行き詰まり
☐ skepticism	名	懐疑論
☐ economic fallout	名	経済的低迷
☐ prolonged	形	長引く，長期の
☐ drought	名	干ばつ，日照り
☐ unprecedented	形	空前の
☐ severity	名	激しさ
☐ devastating	形	壊滅的な
☐ uncharted	形	未知の
☐ scoff at ～	熟	～を嘲笑する，あざ笑う
☐ gain traction	熟	勢いを増す

❸

☐ advocate	名	支持者，提唱者
☐ counteract	動	～を中和する，弱める
☐ scenario	名	筋書き，予測される事態
☐ anticipated	形	予想された
☐ on a continuous basis		
	熟	継続的に
☐ sulfur dioxide	名	二酸化硫黄
☐ solar radiation	名	太陽放射
☐ mitigate	動	～を和らげる

❹

☐ intervention	名	介入
☐ offset	動	～を相殺する
☐ alleviate	動	～を緩和する
☐ plague	動	～を悩ます
☐ whereby	副	それによって
☐ geoengineering	名	地球工学
☐ fare	動	やっていく
☐ precipitation	名	降水量
☐ sophisticated	形	高度な

❺

☐ variable	名	変数

❻

☐ contend	動	～と主張する
☐ loom over ～	熟	～にぼんやり現れる，漂う

Lesson
09

要点整理
Paragraph Summary

Climate Engineering

❶ ◇ **Intergovernmental Panel on Climate Change (IPCC)**
　　(1) Earth's temperature has increased by a $\Big[$ 1 f___ d_____ $\Big]$
　　(2) if temperatures should rise by more than an additional half degree
　　　→ the results could be catastrophic

❷ ◇ **numerous attempts to reduce carbon output**
　　→ have lagged

> factors
> (1) political deadlock
> (2) skepticism about whether climate change is man-made
> (3) fears of the economic fallout

　　↔ $\Big[$ 2 r_____ $\Big]$ solutions that were once scoffed at are gaining traction

❸ ◇ **climate engineering**
　　= a technique known as Solar Radiation Management (SRM)
　　→ counteract the greenhouse effect

　◇ **Peter Irvine : examined the possible impact**
　　(1) the likely scenario of a future $\Big[$ 3 d_____ $\Big]$ of atmospheric CO_2
　　(2) the anticipated effects of spraying aerosols

> sulfur dioxide combining with moisture in the air
> → form aerosols

　　　→ $\Big[$ 4 m_____ $\Big]$ the effects of global warming

【解答】　1 full degree　2 radical　3 doubling　4 mitigate

【和訳】

気候工学

❶ 　◇ **気候変動に関する政府間パネル（IPCC）**

　　⑴ 地球の温度は，丸々1度上昇した

　　⑵ さらに0.5度以上の上昇が起こる場合

　　　→ 結果は壊滅的なものになる可能性

❷ 　◇ **炭素排出量を削減する数多くの試み**

　　　→ 遅れをとっている

> 要因
> ⑴ 政治的行き詰まり
> ⑵ 気候変化が人為的であるかについての懐疑論
> ⑶ 経済的低迷の恐れ

　　↩ かつては嘲笑された急進的解決策が注目を集めている

❸ 　◇ **気候工学**

　　＝太陽放射管理（SRM）として知られる技術

　　→ 温室効果を打ち消す

　◇ **ピーター・アーバイン＝可能性のある影響を調査した**

　　⑴ 大気中の将来の二酸化炭素が倍になるという起こりそうな筋書き

　　⑵ エアロゾルを噴霧することで予測される影響

> 大気中の水分と結合した二酸化硫黄
> 　→ エアロゾルを形成

　　───▶ 　地球温暖化の影響を緩和する

④ ◇ studies

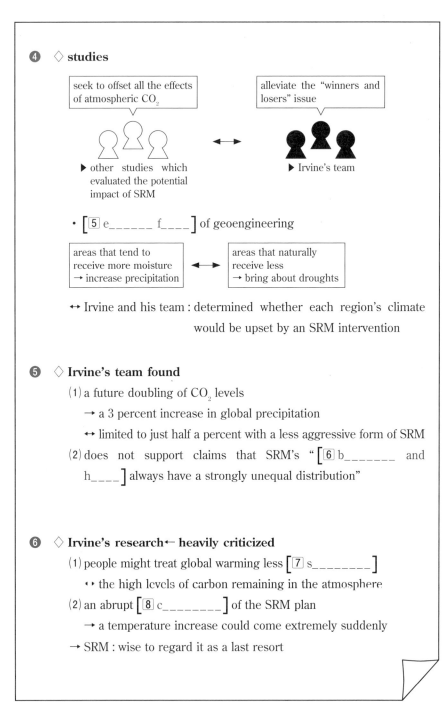

seek to offset all the effects of atmospheric CO_2

▶ other studies which evaluated the potential impact of SRM

↔

alleviate the "winners and losers" issue

▶ Irvine's team

- [5] e_ _ _ _ _ _ f_ _ _ _] of geoengineering

areas that tend to receive more moisture → increase precipitation

◀▶

areas that naturally receive less → bring about droughts

↔ Irvine and his team : determined whether each region's climate would be upset by an SRM intervention

⑤ ◇ Irvine's team found

(1) a future doubling of CO_2 levels
  → a 3 percent increase in global precipitation
  ↔ limited to just half a percent with a less aggressive form of SRM

(2) does not support claims that SRM's "[6] b_ _ _ _ _ _ _ and h_ _ _ _] always have a strongly unequal distribution"

⑥ ◇ Irvine's research ← heavily criticized

(1) people might treat global warming less [7] s_ _ _ _ _ _ _ _]
  ‹› the high levels of carbon remaining in the atmosphere

(2) an abrupt [8] c_ _ _ _ _ _ _ _] of the SRM plan
  → a temperature increase could come extremely suddenly

  → SRM : wise to regard it as a last resort

❹　◇ 研究

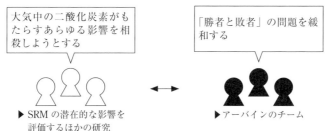

大気中の二酸化炭素がもたらすあらゆる影響を相殺しようとする

「勝者と敗者」の問題を緩和する

▶ SRM の潜在的な影響を評価するほかの研究

▶ アーバインのチーム

・地球工学のより極端な手法

比較的湿潤な傾向の地域
→ 降水量が増加

もとから（降水量が）少ない地域
→ 干ばつを引き起こす

　　↔ アーバインと彼のチーム ： 各地域の気候が SRM の介入によって乱れ
　　　　　　　るかどうかを割り出した

❺　◇ アーバインのチームは明らかにした

　⑴ 将来的な二酸化炭素の倍増

　　　→ 地球全体の降水量が 3 パーセント増加

　　　↔ 比較的緩やかな SRM を行うとその増加がわずか 0.5 パーセントに
　　　　抑制される

　⑵ SRM が「常に利益と損失がきわめて不平等に分配される」という主張
　　を支持しない

❻　◇ アーバインの研究 ← 厳しく批判

　⑴ 人々は地球温暖化をあまり深刻に受け止めなくなるかもしれない

　　　↔ 大気中に高いレベルの炭素が残っている

　⑵ SRM 計画の突然の停止

　　　→ 急激な温度変化が起こる可能性

　→ SRM ： 最後の手段と見なしておくことが賢明

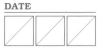

🔊 音声 ▶ L&R_LV6_09-ST

DATE

英語	和訳
Climate Engineering	気候工学
❶ According to	～によると
the United Nation's recent Intergovernmental Panel	国連が最近設けた政府間パネル
on Climate Change	気候変動における
(IPCC),	(IPCC),
Earth's temperature has increased	地球の温度は上昇している
by a full degree	丸々1度
since the start of the Industrial Revolution.	産業革命の開始以来。
The IPCC asserts	IPCC は断言する
that should temperatures rise	万一気温が上昇すれば
by more than an additional half degree	さらに 0.5 度以上追加で
over the next dozen years,	次の十数年の間で,
the results could be catastrophic.	結果は壊滅的になる可能性がある。
❷ Numerous attempts have,	数多くの試みが,
of course,	もちろん,
been made	行われてきた
to reduce carbon output	炭素排出量を削減するために
through treaties,	条約を通じて,
citizens' movements,	市民運動,
and business initiatives,	そして企業の自発的な取り組み,
yet these have lagged	しかしこれらは遅れをとっている
behind the action	行動に対して
scientists say is necessary	科学者が必要だと述べている
to solve the crisis.	この危機を解決するために。
Factors	諸要因は
including political deadlock,	政治的行き詰まりを含む,
skepticism about whether climate change is man-made,	気候変動が人為的であるかどうかについての懐疑論,
and fears of the economic fallout	そして経済的低迷の恐れ
from cutting back on activities	活動を削減することによる
that produce carbon	炭素を排出する
have all contributed	すべての原因であった
to the problem.	その問題の。

Now,	現在,
with rising seas,	海面上昇により,
prolonged droughts,	長引く干ばつ,
hurricanes	ハリケーン
of unprecedented severity,	空前の激しさの,
and devastating wildfires,	そして壊滅的な山火事,
the world	世界は
is in uncharted climatic territory,	未知の気候領域にある,
and radical solutions	そして急進的な解決策が
that were once scoffed at	かつては嘲笑されたような
are increasingly gaining traction	ますます注目を集めている
in the scientific community.	科学界で。
❸ One such measure	そのような方策の1つは
is climate engineering,	気候工学である,
and,	そして,
in particular,	特に,
a technique	技術
known as Solar Radiation Management (SRM).	太陽放射管理 (SRM) として知られる。
Advocates of SRM believe	SRM の支持者は信じている
active measures	積極的な対策は
will have to be taken	講じられるべきであろう
to counteract the greenhouse effect	温室効果を打ち消すための
that atmospheric CO_2 is creating	大気中の二酸化炭素が生み出している
in our atmosphere,	大気中で,
rather than merely trying	単に〜を試みるよりもむしろ
to keep it from getting worse.	それが悪化しないようにすること。
One scientist	科学者の1人は
who sees promise in SRM	SRM が有望だとする
is Peter Irvine of Harvard University,	ハーバード大学のピーター・アーバインである,
whose team examined	彼のチームは調査した
the possible impact	起こる可能性のある影響を
it would have on Earth's climate.	それが地球の気候に対してもつであろう。
The research	この研究は
was based on the likely scenario	起こりそうな筋書きにもとづいていた
of a future doubling of atmospheric CO_2.	将来大気中の二酸化炭素が倍になるという。
It explored	それは調査した
the anticipated effects	予想される影響を

Lesson
09

147

of using some mechanism	いくつかの装置を利用して
such as drones or tethered balloons	ドローンや係留気球といった
to spray tiny reflective particles,	微小な反射粒子を噴霧することによる,
known as aerosols,	エアロゾルとして知られる,
into the atmosphere	大気中に
on a continuous basis.	継続的に。
The team argued	そのチームは主張した
that the method could shield Earth	その方法は地球を保護するかもしれない
from the sun's rays.	太陽光線から。
Pointing to the fact	～という事実を指摘して
that sulfur dioxide emitted	放出された二酸化硫黄が
into the atmosphere	大気中に
by volcanic activity	火山活動によって
blocks solar radiation	太陽放射を遮断する
by combining with moisture	水分と結合することによって
in the air	空気中の
to form aerosols,	エアロゾルを形成する,
SRM advocates have proposed	SRM 支持者は提案した
that this technique could mitigate	この技術は緩和しうる
the effects of global warming.	地球温暖化の影響を。
❹ In other studies	ほかの研究において
that evaluated the potential impact	潜在的な影響を評価した
of SRM,	SRM の,
researchers based their calculations	研究者は彼らの計算の根拠を置いた
on interventions	介入に
that would seek to offset	相殺しようとするであろう
all the effects	あらゆる影響を
of atmospheric CO₂.	大気中の二酸化炭素の。
Irvine's team,	アーバインのチームは,
however,	しかし,
looked at	検討した
what would happen	何が起こるだろうか
if only enough reflective particles	もし十分な量の反射粒子のみが～なら
were released	放出された
to reduce the temperature rise	気温上昇を減らすための
by half.	半分に。
His key insight	彼の鍵となる洞察は

was that this could alleviate	これは緩和しうるということだった
the so-called "winners and losers" issue	いわゆる「勝者と敗者」の問題を
that has plagued previous proposals	かねてから提案の邪魔をしていた
for SRM,	SRM の,
whereby some people enjoy the benefits	それによって恩恵を受ける人もいれば
of geoengineering	地球工学の
while others fare much worse.	一方でより一層うまくいかなくなる人もいる。
For example,	例えば,
some extreme forms	いくつかのより極端な手法は
of geoengineering	地球工学の
have the potential	可能性がある
to drastically increase precipitation	降水量を劇的に増やすこと
in areas	地域において
that tend to receive more moisture	比較的湿潤な傾向のある
and bring about droughts	そして干ばつを引き起こす
in areas	地域において
that naturally receive less.	もとから降水量の少ない。
Using highly sophisticated computer models,	非常に高度なコンピューターモデルを使用して,
Irvine and his team analyzed	アーバインと彼のチームは分析した
the globe region by region	地球を地域ごとに
to determine	明らかにするために
whether each region's climate would be upset	各地域の気候が乱れるかどうか
by an SRM intervention.	SRM の介入によって。
❺ Irvine's team took numerous variables into account,	アーバインのチームは多くの変数を考慮した,
including precipitation levels	降水量のレベルを含む
and hurricane intensity.	そしてハリケーンの強度。
They found	彼らは明らかにした
that although a future doubling of CO_2 levels	将来大気中の二酸化炭素が倍になることは〜だが
would likely result	結果になる可能性がある
in a 3 percent increase	3 パーセント増加する
in global precipitation	地球全体の降水量において
if nothing was done to prevent it,	もしそれを防止するためのことを何もしなかった場合,
the rise could be limited	増加は抑制される可能性がある
to just half a percent	わずか 0.5 パーセントに

with a less aggressive form	比較的緩やかな手段を取ることで
of SRM.	SRM の。
Furthermore,	さらに,
Irvine's team reported	アーバインのチームは報告した
that its results did not support claims	その結果は主張を支持しない
that SRM's "benefits and harms	SRM の「利益と害は
always have a strongly unequal distribution."	常にきわめて不平等に分配される」という。
In fact,	実際,
only a tiny fraction	ごく一部では
of Earth's regions	地球の地域の
would see a precipitation decline,	降水量の減少がみられるだろう,
and,	そして,
while over a quarter	4 分の 1 以上では
of regions	地域の
would see an increase,	増加がみられるだろうが,
it would be a modest one	それは緩やかなものだろう
that people would be able	可能であるような
to cope with.	対処すること。
⑥ Irvine's research	アーバインの研究は
has been heavily criticized,	厳しく批判されてきた,
however.	しかし。
Some are skeptical	懐疑的な人もいれば
about his analysis	彼の分析に対して
of the data,	データの,
others question	疑問をもつ人もいる
the methods described,	前述した方法に,
and some contend	そして〜を主張する人もいる
that the plan would not be economically feasible.	その計画は経済的に実現不可能だろう。
But	しかし
an even larger shadow	さらに大きな影は
looming over the idea of SRM	SRM の考えに漂う
—and geoengineering	そして地球工学
in general—	全般的に
is an issue	問題である
known as termination shock.	停止ショックと呼ばれる。
Were SRM	もし SRM が〜だったならば

to alleviate	～を緩和する
the effects of global warming,	地球温暖化の影響を,
people might treat it less seriously,	人々はそのことをあまり深刻に受け止めないかもしれない,
despite the high levels	高いレベルにもかかわらず
of carbon	炭素の
remaining in the atmosphere.	大気中に残っている。
In other words,	言い換えれば,
SRM addresses the symptoms	SRM は症状に対して取り組む
rather than the disease.	病気よりもむしろ。
Unlike carbon,	炭素とは異なり,
the aerosols	エアロゾルは
that would be released with SRM	SRM で放出されるだろう
have a limited lifespan,	限られた寿命である,
and,	そして,
if there were to be an abrupt cessation	もし突然停止があった場合
of the SRM plan	SRM 計画の
due to a change in government	政権交代により
or a shift in public attitudes,	あるいは世論の変化,
the consequences	その結果は
could be drastic.	極端なものになる可能性がある。
Rather than	～よりもむしろ
the gradual rise in temperature	温度の緩やかな上昇
associated with global warming,	地球温暖化に伴った,
a temperature increase	温度上昇は
could come extremely suddenly	急激に起こる可能性がある
because of all the accumulated carbon	すべての蓄積された炭素が原因で
in the atmosphere.	大気中に。
It seems,	～だと思われる,
therefore,	したがって,
that, while SRMs have potential	SRM は可能性を秘めているが
as a way to mitigate climate change,	気候変動を緩和するための方法として,
the associated dangers mean	それに伴う危険性は意味している
that it would be wise	賢明だろうということ
to regard the technology	その技術を～と見なすこと
as a last resort.	最後の手段として。

Lesson
09

READING

Lesson 10
問題
Questions

W 単語数 ▶ **700** 語
⏱ 制限時間 ▶ **20** 分
☑ 目標得点 ▶ **30** /40点

DATE

▶次の英文の内容に関して，（**1**）〜（**4**）の質問に対する最も適切な答え（または文を完成させるのに最も適切なもの）を **1**，**2**，**3**，**4** の中から１つ選びなさい。

Dr. Henry Beecher and the Placebo Effect

During World War II, Harvard University professor Dr. Henry Beecher enlisted as an army doctor and was sent to the battlefields of Italy. While practicing medicine there, he was astounded that, despite suffering fractures, bullet wounds, and severe lacerations, three-quarters of soldiers reported only slight to moderate pain with a mere one-third requesting painkillers. In contrast, 83 percent of civilians with similarly severe wounds desired pain relief.

Beecher came to suspect that the contrast lay in how soldiers and civilians interpreted the significance of their arrival at a medical facility. For soldiers, it was a refuge reached at the end of an often desperate and excruciating journey after the traumatic experience of being wounded in battle. It could even be a euphoric experience. In contrast, civilians felt that they were crossing the threshold from their stable, everyday existence into a world of uncertainty and suffering, and many were suddenly faced with their own mortality. This disparity caused Beecher to consider that patients' convictions about a treatment could be significant in determining its efficacy.

After the war, Beecher returned to Harvard where his experiences led him to investigate the effects of placebos. "The Powerful Placebo," a groundbreaking research paper published by Beecher in 1955, described how the very act of taking medicine, even if it is just a sugar pill, can have a healing effect. Beecher claimed that what he termed the "placebo effect" accounted for 35.2 percent of patient improvement in the 15 drug studies that he had examined, and his paper revolutionized the process of drug testing.

Throughout the first half of the twentieth century, some researchers had been advocating a new model for drug testing known as a randomized controlled trial (RCT) in which subjects were randomly divided into two groups, one of which would receive an experimental treatment, and another that would receive only a placebo. Viewed objectively, the RCT was sound because it could quantitatively determine the degree to which a treatment was effective. However, doctors felt obligated to endeavor to alleviate their patients' suffering, so providing sham treatments made them uncomfortable. Advocates of the RCT argued that in the long term all patients would benefit from the knowledge obtained through RCTs, but it was difficult for them to overcome the reluctance of the medical community. Fortunately, Beecher's study made RCTs more palatable. Since placebos appeared to have curative powers, doctors could enroll patients in RCTs with a clear conscience.

Beecher's research helped influence the creation of new medical standards and guidelines for conducting drug trials and brought the placebo effect into the public consciousness. However, the interpretation of statistics in "The Powerful Placebo" was questionable. Modern researchers who have examined his paper say that Beecher failed to account for a phenomenon known as "regression to the mean." That is, he did not realize that because a patient generally seeks treatment at the peak of the symptoms of an illness, there is a high statistical probability that the patient's condition would appear to improve as symptoms naturally return to a baseline. In most studies, patients receiving real treatments are compared with those receiving a placebo, but when researchers add a third group that receives no treatment, it has been found that there is little

Lesson

10

difference between that group and the one that receives placebos. This is an indication that, while placebos do have a minor healing effect, regression to the mean accounts for much more of the apparent improvement in a patient's condition during a study.

Researchers have been so taken with Beecher's work that until recently, there has been little investigation of the validity of his results. According to Nick Barrowman of the Children's Hospital of Eastern Ontario Research Institute in Canada, most researchers have blithely accepted the authenticity of the placebo effect. Barrowman writes that instead of investigating this crucial assumption, they "focused largely on investigating the mechanisms by which it operated and the ways one might harness its power." For example, many have looked into why there are placebo "responders" and "nonresponders." However, it would have been more prudent to devote resources to verifying that the placebo effect is authentic in the first place.

(1) Dr. Henry Beecher's experiences during World War II led him to think that

1 a medical technique used on soldiers to reduce the amount of pain that they felt might also be useful for civilians.

2 hospitals should give more consideration to the way that the medicines they gave to patients might harm or help them psychologically.

3 since soldiers and civilians reacted to pain so differently, they should be given different types of medication to control it.

4 since the way patients viewed being in the hospital could affect their perception of pain, the effectiveness of treatments may be influenced by patients' thinking.

Lesson

10

(2) What effect did Beecher's research on placebos have on randomized controlled trials?

1 It caused them to be conducted using different criteria from the past for deciding which groups would receive placebos.

2 It made them seem more acceptable by convincing doctors that they were not doing something immoral if the patients only received placebos.

3 It made doctors realize that they had to do more to control the suffering of patients who participated in them.

4 It caused doctors to realize that it was important to examine the long-term effects of the treatments that they were testing.

(**3**)　What is one criticism of Beecher's study?

1　Beecher did not consider that there is a tendency for patients' symptoms to become less severe with time, which can appear to be the result of the placebo effect.

2　Many of the patients that Beecher studied did not have serious symptoms, so the placebo effect appeared stronger than it really is.

3　Beecher's figure of 35.2 percent is the result of errors in data collection that were carried over from several of the 15 studies he used in his research.

4　Many of the patients were given incorrect doses of their medications, so the statistics he quoted were inaccurate.

(**4**)　Which of the following statements would Nick Barrowman most likely agree with?

1　Instead of trying to discover why placebos work, researchers would have been better off trying to find out whether their effect is real or not.

2　Because they have generally underestimated how effective placebos are, researchers have made little effort to improve the results obtained when they are given.

3　Progress with using placebos in research has been limited by researchers' inability to discover why some people respond more strongly to them.

4　Although placebos have a strong effect, they are not useful in research because it is too difficult to control how much of an effect they will have.

ANSWER		
(1) ① ② ③ ④	**(2)**	① ② ③ ④
(3) ① ② ③ ④	**(4)**	① ② ③ ④

Answers & Explanations ☞

Lesson 10
READING

解答・解説
Answers & Explanations

◀)) 英文音声 ▶ L&R_LV6_10-Q

青文字＝設問・選択肢の和訳　赤文字＝正解

☐ **(1)** 第二次世界大戦中の経験により，ヘンリー・ビーチャー博士は…と考えるようになった。

　1 彼らが感じた痛みの程度を緩和するために兵士に対して利用される医療技術は，民間人にとっても有用かもしれない。

　2 病院は，患者に投与した薬が患者に精神的な面で害を及ぼす方法か，または助けとなる方法をより考慮する必要がある。

　3 兵士と民間人は痛みに対して非常に異なった反応をしたため，彼らは痛みを制御するために異なる種類の薬物を投与されるべきである。

　④ 入院中の患者の考え方が痛みの感じ方に影響を与える可能性があるため，治療の有効性は患者の思考によって影響を受ける可能性がある。

解説▶第1段落ではビーチャーの第二次世界大戦中の経験について説明されており，第2段落はその内容を受けてビーチャーが考察したことについて述べられている。第2段落によると，ビーチャーは兵士と民間人の反応の違いを通して，**患者の治療に対する信念が治療の有効性を決定するうえで重要だ**と考えたことがわかる。したがって，内容に一致する **4** が正解。**3** は兵士と民間人の痛みへの反応に違いがあったことは本文と一致するが，それぞれが別の種類の薬物を投与されるべきだという考えは本文中に記述されていないので誤り。ほかの選択肢は本文中に記述されていないので誤り。

☐ **(2)** ビーチャーのプラセボに関する研究は，無作為化比較試験にどのような影響を与えたか。

　1 プラセボをどちらのグループに投与するかを決定するために，過去のものとは異なる基準を用いて無作為化比較試験を行うようになった。

　② 患者にプラセボのみを投与する場合でも，彼らが不道徳なことをしているわけではないと医師に納得させることで，無作為化比較試験をより受け入れやすいように思わせた。

　3 参加した患者の苦しみを制御するために，より多くのことをしなければならないと医師に認識させた。

　4 医師がテストしている治療の長期的な影響を調べることが重要であることを彼らに認識させた。

解説▶第4段落第5〜6文より，ビーチャーの研究によってプラセボに治癒力があるように感じられたため，医師たちはやましく思うことなく患者を無作為化比較試験に参加させることができ，無作為化比較試験は受け入れやすいものになったことがわかる。した

がって **2** が正解。ほかの選択肢は本文中に記述されていないので誤り。

□ **(3)**　ビーチャーの研究に対する批判の 1 つは何か。

① ビーチャーは患者の症状が時間と共に軽減していく傾向があることは考慮しておらず，これがプラセボ効果の結果であると思われてしまうかもしれない。

2　ビーチャーが研究した患者の多くは重篤な症状ではなかったため，プラセボ効果は実際よりも強力に見えた。

3　ビーチャーの 35.2 パーセントという数値は，彼が研究で使用した 15 件の研究のうちのいくつかから引き継がれたデータ収集におけるエラーの結果である。

4　患者の多くが不正確な投薬量の薬を投与されたため，彼が引用した統計は不正確だった。

解説▶第 5 段落第 3 文で，**ビーチャーの研究は「平均値への回帰」という現象を考慮していなかった**ことが述べられている。続く第 5 段落第 4 文で彼が気づいていなかったことの説明がされており，それは**患者の症状が自然と基準値に戻るときに，あたかもプラセボ効果によって改善しているように見える**というものである。したがって，内容と一致する **1** が正解。ほかの選択肢は本文中に記述されていないので誤り。

□ **(4)**　次の文のうち，ニック・バローマンが同意する可能性が最も高いのはどれか。

① プラセボがなぜ機能するかを発見しようとする代わりに，研究者たちはその効果が本物であるかどうかを調べようとした方がよかっただろう。

2　研究者たちは，一般的にプラセボの効果を過小評価しているため，それらが投与されたときに得られる結果を改善するための努力をほとんどしていない。

3　研究におけるプラセボの使用の進捗は，一部の人がプラセボに対してより強く反応する理由を研究者が発見できなかったために制限されてきた。

4　プラセボには強い効果があるが，それの効果の程度を制御することは難しすぎるため，研究には役立たない。

解説▶第 6 段落第 2 文によると，バローマンは，**ほとんどの研究者はプラセボ効果の信憑性をよく考えず軽率に受け入れている**と主張しているので，**1** が正解。**2** は，研究者がプラセボ効果を過小評価しているという点が誤り。ほかの選択肢は本文中に記述されていないので誤り。

ANSWER		SCORE	CHECK YOUR LEVEL
(1)　① ② ③ ④	**(2)**　① ② ③ ④	/40点	0〜20点 ➡ *Work harder!*
			21〜30点 ➡ *OK!*
(3)　① ② ③ ④	**(4)**　① ② ③ ④	(4問×各10点)	31〜40点 ➡ *Way to go!*

159

ヘンリー・ビーチャー博士とプラセボ効果

❶ 第二次世界大戦中，ハーバード大学のヘンリー・ビーチャー博士は軍医として入隊し，イタリアの戦場に送られた。そこで医療に従事している間，彼は兵士たちが骨折や銃創，そしてひどい裂傷を負っているにもかかわらず，彼らの4分の3はほんのわずかな，または中程度の痛みを報告し，たった3分の1しか鎮痛剤を要求しないことに驚いた。一方，同じような重傷を負った民間人の83パーセントは，痛み止めを望んだ。

❷ ビーチャーは，兵士と民間人には医療施設に入院することの意味をどのように解釈するかに違いがあるのではないかと思い始めた。兵士にとって，そこは戦いで負傷したというトラウマになるような経験をしたあと，絶望的で耐えがたい日々をしばしば送った末にやっとたどり着いた避難所だった。それは幸福感でいっぱいの体験でさえあったかもしれない。一方で，民間人は，安定した日常生活から不安定で苦しい世界への境界線を越えていると感じ，さらに，多くの人は突然自らの死の運命に直面したと感じた。この相違により，ビーチャーは，患者の治療に対する信念が治療の有効性を決定するうえで重要かもしれないと考えた。

❸ 戦後，ビーチャーはハーバード大学に戻り，彼の経験をもとにプラセボの効果に関する研究を行った。1955年にビーチャーによって発表された革新的な研究論文である『強力なプラセボ』は，たとえそれが単なる砂糖の粒であっても，薬を服用するというその行為自体がいかに治癒効果をもつかを示した。ビーチャーは，彼が「プラセボ効果」と呼ぶものが彼が調査した15の薬物研究における患者の改善のうち35.2パーセントに寄与したと主張し，彼の論文は薬物検査のプロセスに革命をもたらした。

❹ 20世紀前半を通じて，一部の研究者は無作為化比較試験（RCT）として知られる薬物検査の新しいモデルを提唱してきた。このモデルでは，被験者がランダムに2つのグループに分けられ，1つのグループには治験薬を与え，もう1つのグ

ループにはプラセボのみを与える。客観的に見て，RCTは治療がどの程度効果的であったかを定量的に判断できるため，理にかなったものだった。しかし，医師は患者の苦しみを和らげるよう努力する義務があると感じているため，見せかけの治療を行うことに不快感を抱いた。RCTの支持者は，長期的に見るとすべての患者がRCTを通じて得られた知識によって利益を得るだろうと主張したが，医学界の後ろ向きな姿勢を打開するのは難しかった。幸運なことに，ビーチャーの研究により，RCTはより好ましいものになった。プラセボには治癒力があるように見えたため，医師たちはやましく思うことなく患者をRCTに参加させることができた。

❺ ビーチャーの研究は，治験の実施に関する新しい医療基準とガイドラインの作成に影響を与え，プラセボ効果を公衆の意識にもたらした。しかし，『強力なプラセボ』の統計の解釈は疑わしいものだった。彼の論文を検討した現代の研究者たちは，ビーチャーが「平均値への回帰」として知られている現象を考慮していなかったと言う。つまり，患者は通常病気の症状がピークに達したときに治療を求めるため，症状が自然に基準値に戻るにつれて患者の状態が改善するように見える確率が統計上高いことに彼は気づいていなかった。ほとんどの研究では，本物の治療薬を投与されている患者がプラセボを与えられている患者と比較されているが，研究者がなんの処置もされていない第3のグループを追加した場合，そのグループとプラセボを与えられているグループとの間にほとんど差がないことがわかっている。これは，プラセボにはわずかな治癒効果があるが，平均値への回帰が調査中の患者の状態の明らかな改善のはるかに多くを占めることを示している。

❻ 研究者は最近までビーチャーの研究に非常に惹かれ続けてきたが，彼の結果の妥当性についての調査はほとんど行われていなかった。カナダの東オンタリオ研究所付属小児科医院のニック・バローマンによると，ほとんどの研究者はプラセボ効果の信憑性を軽率に受け入れているという。バ

ローマンは，彼ら（研究者たち）はこのきわめて重要な仮定を調査せずに，「主にそれが作用するメカニズムとその力を利用できるかもしれない方法を調査することに焦点を当てた」と書いている。例えば，多くの研究者がプラセボに「反応する人」と「反応しない人」が存在する理由を調査した。しかし，そもそもプラセボ効果が信頼できるものなのかを確かめることに資金を投じていたら，もっと賢明であっただろう。

重要語句リスト

❶

☐ enlist	動	軍隊に入る，入隊する
☐ astound	動	～を驚かせる，愕然とさせる
☐ fracture	名	骨折
☐ bullet wound	名	銃創，弾丸の傷
☐ laceration	名	裂傷
☐ mere	形	ほんの，たったの

❷

☐ refuge	名	避難所
☐ desperate	形	絶望的な
☐ excruciating	形	耐えがたい，ひどく苦しい
☐ traumatic	形	トラウマになる，深い心の傷として残る
☐ euphoric	形	幸福感にあふれた
☐ cross the threshold	熟	境界線を越える
☐ mortality	名	死の運命

❸

☐ placebo	名	プラセボ（プラシーボ），偽薬
☐ groundbreaking	形	革新的な

❹

☐ advocate	動	～を提唱する
	名	支持者，提唱者
☐ obligate	動	～を義務づける
☐ endeavor	動	努める
☐ sham	形	見せかけの，偽の
☐ overcome	動	～を克服する
☐ reluctance	名	気が進まないこと，不本意
☐ palatable	形	好ましい
☐ curative power	名	治癒力

❺

☐ interpretation	名	解釈
☐ questionable	形	疑わしい
☐ regression	名	回帰
☐ mean	名	平均値
☐ symptom	名	症状
☐ statistical	形	統計上の

❻

☐ investigation	名	調査
☐ validity	名	妥当性
☐ blithely	副	軽率に
☐ authenticity	名	信憑性，信頼性
☐ harness	動	～を利用する

Lesson **10**

READING

要点整理
Paragraph Summary

▶音声を聞きながら, ①〜⑧の空欄を埋めるもしくは適語を選び,
段落ごとの要旨を確認しましょう(解答は下部にあります)。

Dr. Henry Beecher and the Placebo Effect

❶ ◇ **Dr. Henry Beecher = an army doctor**

soldiers	civilians
suffering fractures, bullet wounds, and severe lacerations	83 percent with similarly severe wounds desired pain relief
→ three-quarters reported only slight to moderate pain	

❷ ◇ **Beecher : suspected the contrast in how soldiers and civilians**
[① i_____] the significance of their arrival at
a medical facility

soldiers	civilians
the traumatic experience of being wounded in battle	stable, everyday existence into a world of uncertainty and suffering
→ a euphoric experience	

→ patients' [② c_____] about a treatment could be
significant in determining its efficacy

❸ ◇ **the effects of placebos : "The Powerful Placebo"**

• the act of [③ t_____ m_____] , even if it is just a sugar pill
→ have a healing effect

→ the paper revolutionized the process of drug testing

❹ ◇ **a new model for drug testing**
= a randomized controlled trial (RCT)

• two groups

 ◀▶

▶ receives an experimental   ▶ receives only a placebo
treatment

【解答】 ① interpreted ② convictions ③ taking medicine

【和訳】

ヘンリー・ビーチャー博士とプラセボ効果

❶　◇ ヘンリー・ビーチャー博士＝軍医

兵士	民間人
骨折や銃創，そしてひどい裂傷を負っている	同じような重傷を負った（人の）83パーセントは痛み止めを要望した
→ 4分の3はほんのわずかな，または中程度の痛みを報告した	

❷　◇ ビーチャー ： 兵士と民間人は医療施設に入院したことの意味をどのように
　　　　　　　　解釈するかの違いを疑問に思った

兵士	民間人
戦いで負傷したというトラウマになるような経験をした	安定した日常生活から不安定で苦しい世界へ
→ 幸せな体験	

　　→ 患者の治療に対する信念が治療の有効性を決定するうえで重要かも
　　　しれない

❸　◇ プラセボの効果 ： 『強力なプラセボ』

・単なる砂糖の粒であったとしても，薬を服用するという行為
　　→ 治癒効果がある
→ その論文は薬物検査のプロセスに革命をもたらした

❹　◇ 新しい薬物検査モデル
　　　＝無作為化比較試験（RCT）
・2つのグループ

▶治験薬を与えられる

▶プラセボのみを与えられる

→ objectively, the RCT was sound

↔ doctors [4 u_____] with providing sham treatments

◇ **placebos appeared to have curative powers**
→ doctors could [5 e_____] patients in RCTs with a clear conscience

❺ ◇ **Beecher's research**
(1) influenced the creation of new medical standards and guidelines
(2) brought the placebo effect into the public consciousness

↔ the interpretation : Beecher failed to account for "regression to the mean"

> not realize
> • a patient generally seeks treatment at the [6 peak / end] of the symptoms of an illness
> → the parent's condition would appear to improve as symptoms naturally return to a baseline

→ there is little difference between a third group that receives no treatment and the one that receives placebos

❻ ◇ **until recently : little investigation of the [7 v_____] of his results**

↔ Nick Barrowman :
(1) most researchers have blithely accepted the authenticity of the placebo effect
(2) most researchers focused largely on investigating the mechanisms and the ways one might [8 h_____] its power

→ it would have been more prudent to devote resources to verifying that the placebo effect is authentic in the first place

　　　　→ 客観的には，理にかなっていた
　　　　→ 医師は見せかけの治療を行うことを不快に感じた

　◇ **プラセボには治療効果があるように見えた**
　　　　→ 医師たちはやましく思うことなく，患者を RCT に参加させることが
　　　　　できた

❺　◇ **ビーチャーの研究**
　　　(1)新しい医療基準とガイドラインの作成に影響を与えた
　　　(2)プラセボ効果を公衆の意識にもたらした
　　↔ 解釈：ビーチャーは，「平均値への回帰」を考慮しなかった

　　┌─────────────────────────────────────┐
　　│ 理解していないこと
　　│ ・患者は通常，症状がピークに達したときに治療を求める
　　│ →患者の症状が自然に基準値に戻るにつれて状態が改善するように
　　│ 　見える
　　└─────────────────────────────────────┘

　　　　→治療薬を与えられていない第3のグループとプラセボを与えられてい
　　　　　るグループとの間にはほとんど差がない

❻　◇ **最近まで：彼の結果の妥当性に関する調査はほとんどない**

　↔ ニック・バローマン：
　　　(1)多くの研究者は，プラセボ効果の信憑性を軽率に受け入れている
　　　(2)研究者たちは，主にそれが作用するメカニズムとその力を利用する方
　　　　法を調査することに焦点を当てた

　　　　→そもそもプラセボ効果が信頼できるものなのかを確かめることに資金
　　　　　を投じていたらもっと賢明であっただろう

Lesson 10
速読練習
Sight Translation

◀)) 音声 ▶ L&R_LV6_10-ST

英語	和訳
Dr. Henry Beecher and the Placebo Effect	ヘンリー・ビーチャー博士とプラセボ効果
❶ During World War II,	第二次世界大戦中,
Harvard University professor Dr. Henry Beecher	ハーバード大学のヘンリー・ビーチャー博士は
enlisted as an army doctor	軍医として入隊した
and was sent	そして送られた
to the battlefields of Italy.	イタリアの戦場に。
While practicing medicine there,	そこで医療に従事している間,
he was astounded that,	彼は〜ということに驚いた,
despite suffering	〜で苦しんでいるにもかかわらず
fractures, bullet wounds, and severe lacerations,	骨折, 銃創, そしてひどい裂傷に,
three-quarters of soldiers	兵士たちの4分の3は
reported only slight to moderate pain	ほんのわずかな, または中程度の痛みを報告した
with a mere one-third requesting painkillers.	たった3分の1（の兵士）が鎮痛剤を要求した。
In contrast,	一方,
83 percent of civilians	民間人の83パーセントは
with similarly severe wounds	同じような重傷を負った
desired pain relief.	痛み止めを望んだ。
❷ Beecher came to suspect	ビーチャーは思い始めた
that the contrast lay in	この違いは〜にある
how soldiers and civilians	兵士と民間人がどのように
interpreted the significance	意味を解釈する
of their arrival at a medical facility.	彼らが医療施設に入院したことの。
For soldiers,	兵士にとって,
it was a refuge	そこは避難所だった
reached at the end of	〜の果てにたどり着いた
an often desperate and excruciating journey	しばしば絶望的で耐えがたい道のりの
after the traumatic experience	トラウマになるような経験をしたあと
of being wounded	負傷したという

in battle.	戦いで。
It could even be a euphoric experience.	それは幸せでいっぱいの体験でさえあったかもしれない。
In contrast,	一方で,
civilians felt	民間人は〜と感じた
that they were crossing the threshold	彼らは境界線を越えていた
from their stable,	彼らの安定した〜から,
everyday existence	日常生活
into a world of uncertainty and suffering,	不安定で苦しい世界への,
and many were suddenly faced	さらに多くの人が突然直面した
with their own mortality.	自らの死の運命に。
This disparity	この相違は
caused Beecher to consider	ビーチャーに熟考させた
that patients' convictions	患者の信念が
about a treatment	治療に対する
could be significant	重要かもしれない
in determining its efficacy.	その(治療の)有効性を決定することにおいて。

Lesson 10

❸ After the war,	戦後,
Beecher returned to Harvard	ビーチャーはハーバード大学に戻った
where his experiences led him to investigate	そこで彼の経験をもとに彼は研究した
the effects of placebos.	プラセボの効果に関する。
"The Powerful Placebo,"	『強力なプラセボ』という,
a groundbreaking research paper	革新的な研究論文は
published by Beecher	ビーチャーによって発表された
in 1955,	1955年に,
described how the very act	まさにその行為自体がいかに〜かを示した
of taking medicine,	薬を服用するという,
even if it is just a sugar pill,	たとえそれが単なる砂糖の粒であっても,
can have a healing effect.	治癒効果をもちうる。
Beecher claimed	ビーチャーは主張した
that what he termed the "placebo effect"	彼が「プラセボ効果」と呼ぶものが
accounted for 35.2 percent	35.2パーセントを占めていた
of patient improvement	患者の改善のうち
in the 15 drug studies	15の薬物研究において

that he had examined,	彼が調査した.
and his paper revolutionized	そして彼の論文は革命をもたらした
the process of drug testing.	薬物検査のプロセスに。
❹ Throughout the first half of the twentieth century,	20世紀前半を通じて,
some researchers had been advocating	一部の研究者は提唱していた
a new model for drug testing	薬物検査の新しいモデルを
known as a randomized controlled trial (RCT)	無作為化比較試験 (RCT) として知られる
in which subjects were randomly divided	そこでは被験者がランダムに分けられる
into two groups,	2つのグループに,
one of which would receive an experimental treatment,	そのうち1つは治験薬を与えられる,
and another that would receive only a placebo.	そしてもう一方はプラセボのみを与えられる。
Viewed objectively,	客観的に見て,
the RCT was sound	RCTは理にかなっていた
because it could quantitatively determine	それは定量的に判断できたため
the degree	程度を
to which a treatment was effective.	どのくらい治療が効果的であったか。
However,	しかし,
doctors felt obligated	医師は義務があると感じていた
to endeavor	努力すること
to alleviate their patients' suffering,	患者の苦しみを和らげる,
so providing sham treatments	そのため見せかけの治療を行うことは
made them uncomfortable.	彼らを不快な気分にさせた。
Advocates of the RCT argued	RCTの支持者たちは主張した
that in the long term	長期的に見ると
all patients would benefit	すべての患者は利益を得るだろう
from the knowledge	知識から
obtained through RCTs,	RCTを通じて得られた,
but it was difficult for them	しかし彼らにとっては難しかった
to overcome the reluctance	後ろ向きな姿勢を打開することは
of the medical community.	医学界の。
Fortunately,	幸運なことに,
Beecher's study	ビーチャーの研究は

made RCTs more palatable.	RCT をより好ましいものにした。
Since placebos appeared	プラセボは〜なように見えたため
to have curative powers,	治癒力がある,
doctors could enroll patients	医師は患者を参加させることができた
in RCTs	RCT に
with a clear conscience.	やましく思うことなく。
❺ Beecher's research	ビーチャーの研究は
helped influence the creation	作成に影響を与えるのを手伝った
of new medical standards and guidelines	新しい医療基準とガイドラインの
for conducting drug trials	薬物試験の実施のための
and brought the placebo effect	そしてプラセボ効果をもたらした
into the public consciousness.	公衆の意識に。
However,	しかし,
the interpretation of statistics	統計の解釈は
in "The Powerful Placebo"	『強力なプラセボ』の
was questionable.	疑わしいものだった。
Modern researchers	現代の研究者たちは
who have examined his paper	彼の論文を調べた
say that Beecher failed	ビーチャーは〜していなかったと言う
to account for a phenomenon	現象を考慮することを
known as "regression to the mean."	「平均値への回帰」として知られる。
That is,	つまり,
he did not realize	彼は気づいていなかった
that because a patient generally seeks treatment	患者は通常治療を求めるため
at the peak of the symptoms	症状がピークのときに
of an illness,	病気の,
there is a high statistical probability	統計的な確率が高い
that the patient's condition would appear	患者の状態が〜に見えるだろうという
to improve	改善している
as symptoms naturally return	彼らの症状が自然と戻るにつれて
to a baseline.	基準値に。
In most studies,	ほとんどの研究では,
patients receiving real treatments	本物の治療薬を投与されている患者は

Lesson
10

are compared with those receiving a placebo,	プラセボを与えられている患者と比較されている．
but when researchers add a third group	しかし研究者が第３のグループを追加した場合
that receives no treatment,	治療薬を与えられていない，
it has been found	それは発見された
that there is little difference	ほとんど差がないこと
between that group and the one	そのグループともう１つ（のグループ）との間に
that receives placebos.	プラセボを与えられている。
This is an indication that,	これは〜ということを示している．
while placebos do have a minor healing effect,	プラセボにはわずかな治癒効果があるが，
regression to the mean	平均値への回帰が
accounts for much more	はるかに多くを占める
of the apparent improvement	明らかな改善の
in a patient's condition	患者の状態における
during a study.	調査中の。
❻ Researchers have been so taken	研究者は非常に惹かれ続けてきたが
with Beecher's work	ビーチャーの研究に
that until recently,	最近まで，
there has been little investigation	調査はほとんど行われていなかった
of the validity	妥当性についての
of his results.	彼の結果の。
According to Nick Barrowman	ニック・バローマンによると
of the Children's Hospital	小児科医院の
of Eastern Ontario Research Institute in Canada,	カナダの東オンタリオ研究所の，
most researchers have blithely accepted	ほとんどの研究者は軽率に受け入れている
the authenticity of the placebo effect.	プラセボ効果の信憑性を。
Barrowman writes	バローマンは書いている
that instead of investigating	調査せずに
this crucial assumption,	この重要な仮定を，
they "focused largely on investigating	彼らは「〜を調査することに主に焦点を当てた
the mechanisms	メカニズムを
by which it operated	それが作用する

and the ways one might harness its power."	そしてその力を利用できるかもしれない方法を」。
For example,	例えば、
many have looked	多く（の研究者）が調査した
into why there are placebo "responders" and "nonresponders."	プラセボに「反応する人」と「反応しない人」が存在する理由を。
However,	しかし、
it would have been more prudent	もっと賢明であっただろう
to devote resources	資金を投じていれば
to verifying	〜を確かめることに
that the placebo effect is authentic	プラセボ効果が信頼できるものだということを
in the first place.	そもそも。

Q ネイティブが話すナチュラルスピードの音声を聞きとれる ようになるにはどうしたらいいですか？

A C1 レベルを目指すみなさんがナチュラルスピードの音声を聞き取れる ようになるには，本物の英語を聞き取る練習をするのがいいでしょう。

　実際，私自身も，テストで流れる音声は理解できるけれども，映画やドラマの 音声は理解できないという時期が長く続きました。今でも 100% 完全に理解でき るわけではありませんが，やはり映画やドラマなどの音声は，ネイティブスピー カー達が娯楽として楽しむものですから，そのスピードは容赦無く速いです。一 方で，テストの音声はナチュラルスピードとは言うものの，音声を聞き取って解 答を選べるようにクリアに発音されています。ですから当然，テストの音声のほ うが聞き取りやすいのです。つまり，テストの音声ばかりでは，それ以上の能力 を身につけるためのブレイクスルーができないので，本物の英語を聞き，それを 理解する訓練が必要になるわけです。

　最近は，動画サイトや CD 付きの教材などを使えば，世界中の様々な本物の英 語を聞くことができます。まずはこれらを使って，本物の英語に耳を慣らしてい きましょう。おすすめの教材は，海外の映画やドラマ，アニメです。最初のうち は，少しレベルを下げてアメリカの子供向けコメディなどから始めるといいで しょう。聞き取れるようになってきたら，自分の好きな映画やドラマを英語音声 だけで理解できるようにチャレンジしてみてください。さらに，映画の中にはイ ギリス英語やアメリカ英語など，様々な種類の英語が含まれています。これらに 慣れることで，少しずれた発音などにも強くなりますから，テストでのナチュラ ルスピードが逆に簡単に聞こえるようになりますよ。また，洋楽が好きな人は， 洋楽で学習するのもいいでしょう。単語一つ一つの発音を確認して自分で歌える ようになれば，聞き取れる単語が増えますし，スピーキングの練習にもなります。

　もちろん，テストでも日常生活でも，100% 聞こえるようになるということは 難しいと思います。例えばみなさんが日本語の映画を見ているとき，喧嘩のシー ンで登場人物の発した言葉が 100% わかるかというと，そうではないですよね。 ですから，英語を聞いて 100% 理解することを目指すのではなくて，「だいたい 90% わかる」を目指すほうが良いでしょう。

Part 4
Lesson 11–15
Listening

会話文・ナレーション問題
Conversation & Narration

University of Toronto

Lesson 11

Lesson 12

Lesson 13

Lesson 14

Lesson 15

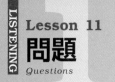

LISTENING

Lesson 11

問題
Questions

◄)) 音声 ▶ L&R_LV6_11-Q

🕐 所要時間 ▶ ⟦ 7 ⟧分

☑ 目標得点 ▶ ⟦ 30 ⟧/35点

DATE

▶対話を聞き，その直後にある質問に対して最も適切なものを 1，2，3，4 の中から 1 つ選びなさい。

(1)　**1**　There were problems at her current restaurant.
　　　　2　She could not get money for the new branch.
　　　　3　There were no suitable locations.
　　　　4　The lease was too expensive.　　　　① ② ③ ④

(2)　**1**　He should learn to say no.
　　　　2　He should volunteer for the new project.
　　　　3　He should return to his old job.
　　　　4　He should listen to other people's advice.　　　　① ② ③ ④

(3)　**1**　The section manager will be fired.
　　　　2　The lost data will be recovered soon.
　　　　3　The company's Internet security will be improved.
　　　　4　The office will close down.　　　　① ② ③ ④

(4)　**1**　He had a fatal illness.
　　　　2　He just had an operation.
　　　　3　He has been released from the hospital.
　　　　4　He was angry about what she said to him.　　　　① ② ③ ④

(5) **1** Tell Matt he is fired.

2 Ask Matt to apologize.

3 Ask the company to give Matt another chance.

4 Give Matt less demanding work. ①②③④

(6) **1** She needs more tests.

2 She needs more medication.

3 She will have to wait for surgery.

4 She is dissatisfied with her doctor. ①②③④

(7) **1** It could create more endangered species.

2 It could worsen air pollution.

3 It could hurt companies' profits.

4 It could make dumping easier. ①②③④

Answers & Explanations ☞

Lesson 11
解答・解説
Answers & Explanations

青文字＝放送される英文（スクリプト）　赤文字＝正解・語義

▨＝男性　▨＝女性

☐ (1) スクリプト / 和訳

Are you still thinking about opening up a second branch of your restaurant?	君はまだ自分のレストランの2号店の出店を考えているの？
Well, it's sort of on the back burner now.	ええと，それは今ちょっと後回しにしているの。
I thought you were really excited about it. Your current restaurant is booked up months in advance, right?	君は出店をすごく楽しみにしていると思っていたよ。君の今のレストランは数ヵ月先まで予約が詰まっているよね。
Uh huh, but, it actually has to do with my investor. She's had some financial setbacks recently.	ええ，そうなんだけど，実は私の出資者と関係があるの。彼女は最近資金運用に失敗したの。
Oh, that's a shame.	ああ，それは気の毒に。
Yes, we'd already found a well-trafficked location with a rent we could afford. I was just a week or so away from signing the lease. It may never happen now, though.	ええ，私たちは人通りが多くて払える値段の場所をもう見つけていたの。賃貸契約の署名までほんの1週間かそこらまでだったのよ。でも，今はありえないかもしれないわね。

What was the problem with the woman's plan to open a second restaurant?

1 There were problems at her current restaurant.
② She could not get money for the new branch.
3 There were no suitable locations.
4 The lease was too expensive.

レストランの2号店を出店する女性の計画に関して問題は何だったか。

1 彼女の現在のレストランに問題があった。
2 彼女は新しい支店のための資金を調達できなかった。
3 適切な場所がなかった。
4 賃貸契約が高すぎた。

解説 ▶ 男性と女性が，女性のレストランの2店目の出店について話し合っている状況。女性の2回目の「**出資者が資金運用に失敗した**」という発言より **2** が正解。**3**，**4** は女性の最後の発言と反するので誤り。**1** の内容は説明されていないので誤り。

重要語句 ☐ on the back burner（魙 後回しにされて）　☐ setback（⑧ 後退，失敗）

□(2) スクリプト / 和訳

Honey, Mr. Bradford assigned me to a major project, so you won't see much of me for a few weeks.	ねえ，ブラッドフォード氏が僕を大きなプロジェクトに配属したから，2，3週間はあまり家にいられないだろう。
Again? You said you'd be able to spend more time with the kids this month.	またなの？　今月は子供たちと過ごす時間を増やせると言ったじゃない。
Well, Mr. Bradford wants me to advise some people in the department I used to work in. He's putting a lot of pressure on me.	あのね，ブラッドフォード氏からは，以前僕が働いていた部署の何人かに助言するよう求められているんだ。彼からは大きな圧力をかけられている。
But that's not in your job description, Mark. I think Mr. Bradford is taking advantage of your good nature. Don't you think you should stand up for yourself a bit more?	でもそれはあなたの職務内容ではないわ，マーク。私はブラッドフォードさんがあなたの人のよさを利用していると思う。あなたはもう少し毅然とした態度を取るべきだと思わない？

Lesson
11

What does the woman imply about the man?

(1) He should learn to say no.
2 He should volunteer for the new project.
3 He should return to his old job.
4 He should listen to other people's advice.

女性は男性について何をほのめかしているか。

1 拒むことを学ぶべきだ。
2 新しいプロジェクトに志願すべきだ。
3 前の仕事に戻るべきだ。
4 他人の助言を聞くべきだ。

解説▶マーク［男性］と女性が，男性の職務内容について話している場面。女性の最後の発言の「**毅然とした態度を取るべき**」とは，**拒むべき**と言い換えられる。したがって **1** が正解。男性の最初の発言から，男性は新しいプロジェクトにすでに配属されたことがわかるので，**2** の「志願すべき」という表現は不適切で誤り。ほかの選択肢の内容は説明されていないので誤り。

重要語句　□ job description（⊗ 職務内容）
　　　　　□ stand up for oneself（熟 自立する，毅然とした態度を取る）

LISTENING

Lesson 11
解答・解説
Answers & Explanations

青文字＝放送される英文（スクリプト）　赤文字＝正解・語義
▨▨▨＝男性　▨▨▨＝女性

□（3）　スクリプト / 和訳

| Did you see the e-mail from the section manager? | 課長からのメールを見た？ |

| Yes, it looks like heads are going to roll. | うん，何人かの首が飛ぼうとしているみたいだね。 |

| I'm glad I wasn't involved with the Anderson project. | アンダーソンの計画に関わっていなくてよかったわ。 |

| Well, even though we aren't the ones who messed up, it's going to have repercussions for everyone. | うん，僕たちが失敗したわけじゃないけど，みんなに影響があるよ。 |

| You're right. I guess there's going to be some serious tightening up of our online security system to prevent future data leaks from happening again. | そうね。将来的に情報漏えいがまた起こらないように，私たちのオンライン防犯システムは多少厳重になるでしょうね。 |

What do the speakers think is going to happen?　話し手たちは何が起ころうとしていると思っているか。

1　The section manager will be fired.　1　課長が解雇されるだろう。
2　The lost data will be recovered soon.　2　失われた情報はすぐに戻るだろう。
③　The company's Internet security will be improved.　3　会社のインターネットの安全性が改善されるだろう。
4　The office will close down.　4　職場が閉鎖になるだろう。

解説▶男性と女性がアンダーソン［男性と女性の同僚］の計画の失敗による情報漏えいについて話し合っている場面。女性の最後の「**オンライン防犯システムは多少厳重になる**」という発言より，**3**が正解。課長が解雇されるわけではなく，**解雇に関してのメールが課長から来ただけなので1**は誤り。ほかの選択肢の内容は説明されていないので誤り。

重要語句　□ heads are going to roll（熟 何人かが首になる）
□ mess up（熟 しくじる，失敗する）　□ repercussion（名 悪影響，反響）

178

□(**4**) スクリプト / 和訳

Did you hear Frank Williams passed away last week?	先週フランク・ウィリアムズが亡くなったのを聞いたかい？
What? He was in his 40s, wasn't he?	なんですって？　彼は 40 代だったわよね？
Yeah. I guess he'd had a terminal illness for several years, but he kept it under wraps.	ああ。彼は数年前から末期的な病気を患っていたらしいけれど，隠していたんだ。
I had no idea. I saw him about three months ago, and he looked all right. He seemed to be in high spirits, too.	全然知らなかったわ。3 ヵ月ほど前に会ったけど問題なさそうだったわ。しかも元気いっぱいに見えたのに。
I heard his treatment had stopped being effective, causing him to deteriorate pretty quickly.	彼が受けていた治療の効果が切れて，そのあと急激に容態が悪化したみたいなんだ。

What did the woman not know about Frank Williams?

① He had a fatal illness.
2 He just had an operation.
3 He has been released from the hospital.
4 He was angry about what she said to him.

女性はフランク・ウィリアムズについて何を知らなかったか。

1 彼は命に関わる病気にかかっていた。
2 彼は手術を受けたばかりだった。
3 彼は退院している。
4 彼は彼女が自分に言ったことに怒っていた。

[解説]▶男性と女性が，フランク・ウィリアムズが亡くなったことについて話し合っている場面。男性の 2 番目の「彼は数年前から末期的な病気を患っていたらしい」という発言に対し，女性は「知らなかった」と返答しているので，**1** が正解。ほかの選択肢の内容は説明されていないので誤り。

[重要語句]　□ keep 〜 under wraps（熟 〜を隠しておく）　□ in high spirits（熟 元気いっぱいで，上機嫌で）
□ deteriorate（動 悪化する）

LISTENING

Lesson 11
解答・解説
Answers & Explanations

青文字＝放送される英文（スクリプト）　赤文字＝正解・語義
░░░＝男性　░░░＝女性

☐（**5**）　スクリプト／和訳

We just got a phone call from Westland Incorporated. Apparently, they're dissatisfied with one of the consultants we sent to their office.	たった今ウェストランド社から電話があった。うちが向こうの会社に派遣した顧問の1人に不満があるらしいんだ。
Wait, don't tell me. Matt Greenberg?	待って，まさか，マット・グリーンバーグなの？
That's right.	そのとおり。
I knew it was a mistake to send him there. He's just not organized enough.	彼を派遣するのは間違いだと私はわかっていたわ。まるできちんとしていないから。
We're going to have to reassign him to somewhere he can handle, but he's starting to become a real liability.	彼が使えそうなところへ転任させる必要がありそうだけれど，彼は本当にお荷物になり始めている。
I guess we'll have to talk to him about improving his performance.	業績改善について本人と話さなければならないでしょうね。

What are they planning to do?

1　Tell Matt he is fired.
2　Ask Matt to apologize.
3　Ask the company to give Matt another chance.
④　Give Matt less demanding work.

彼らは何をする予定を立てているか。

1　マットに解雇を通達する。
2　マットに謝罪するよう求める。
3　マットに別のチャンスを与えるよう会社に頼む。
4　マットにより負担が少ない仕事を与える。

解説▶男性と女性がマット［男性と女性の会社の社員］の今後について話し合っている場面。男性の最後の「**彼が使えそうなところへ転任させる必要がありそうだ**」という発言より **4** が正解。会話の内容より，マットの処遇を決めるのは彼ら自身であることがわかるので **3** は誤り。ほかの選択肢の内容は説明されていないので誤り。

重要語句　☐ reassign（動 ～を転任させる，再配置する）　☐ liability（名 マイナスになるもの，負担）

□（ **6** ）　スクリプト / 和訳

Did your wife have her doctor's appointment yesterday?	あなたの奥さんは昨日医者の予約をした？
Yes, the results of her test came back positive, so she'll need surgery eventually.	うん，陽性という検査結果が戻ってきたから，最終的には手術が必要だろう。
Will she be admitted soon?	彼女はすぐに入院しそう？
Well, it seems there's a severe bed shortage due to the government funding cutbacks.	いや，政府の経費削減のせいでベッドの不足が深刻らしいんだ。
I'm sorry to hear that. Is she still in a lot of pain?	それはお気の毒に。彼女はまだ痛みがひどいの？
No, they're managing it fairly well with medication. She'll just have to hang in there for a couple of months because her condition isn't life threatening.	いや，痛みは投薬でかなりうまく抑えられている。命に関わる病状ではないから，2，3ヵ月は（投薬で）持ちこたえなければいけないだろうね。

Lesson

11

What does the man say about his wife?	男性は妻について何と言っているか。
1　She needs more tests.	**1**　もっと検査が必要だ。
2　She needs more medication.	**2**　もっと投薬が必要だ。
③　She will have to wait for surgery.	**3**　手術を待たなければならないだろう。
4　She is dissatisfied with her doctor.	**4**　医者に満足していない。

解説▶男性と女性が，男性の妻が受ける手術について話し合っている場面。男性の2，3回目の発言より，**ベッドの不足によりすぐに入院できず手術が受けられない**ことがわかる。したがって **3** が正解。ほかの選択肢の内容は説明されていないので誤り。

重要語句　□ funding cutback（⊛ 経費削減）　□ hang in there（熟 持ちこたえる）

青文字＝放送される英文（スクリプト）　赤文字＝正解・語義

▨＝男性　▨＝女性

□ **(7)**　スクリプト / 和訳

What do you think of the governor's new environmental policy?	知事の新しい環境政策をどう思う？
I'm glad to hear he's finally toughening up the endangered species protections and raising fines for illegal dumping, but I'm not sure I'm on board with some of the other sections.	彼がやっと絶滅危惧種の保護を強化して違法投棄の罰金を引き上げるそうでよかったけれど，ほかのいくつかの項目に賛成するかはなんとも言えないな。
What do you mean?	どういう意味？
Well, I've heard there are a lot of loopholes in the air-quality section. In fact, some companies may be able to emit more CO$_2$ than they do presently.	あのね，大気環境の項目にはたくさんの抜け穴があるそうだ。実際のところ，一部の企業は今よりも多くの二酸化炭素を排出しうる可能性がある。

What is the man's opinion of the governor's policy?

1　It could create more endangered species.
②　It could worsen air pollution.
3　It could hurt companies' profits.
4　It could make dumping easier.

知事の政策に対する男性の意見は何か。

1　より多くの絶滅危惧種を生むかもしれない。
2　大気汚染を悪化させるかもしれない。
3　企業の利益に害を及ぼすかもしれない。
4　投棄をより簡単にするかもしれない。

解説▶男性と女性が知事の新しい政策について話している状況。男性の最後の「**一部の企業は今よりも多くの二酸化炭素を排出しうる可能性がある**」という発言より，**2**が正解。**1**，**4**は男性の最初の発言と反するので誤り。**3**の選択肢の内容は説明されていないので誤り。

重要語句　□ toughen up ～（熟）～を強化する）　□ be on board with ～（熟）～に乗り気である，賛成する）
□ loophole（名 抜け穴，逃げ道）

SCORE	CHECK YOUR LEVEL
╱35点 （7問×各5点）	0～15点 ➡ *Work harder!* 20～25点 ➡ *OK!* 30～35点 ➡ *Way to go!*

MEMO

Lesson
11

LISTENING

Lesson 12
問題
Questions

◀)) 音声 ▶ L&R_LV6_12-Q

🕐 所要時間 ▶ [7] 分

☑ 目標得点 ▶ [35] /40点

DATE

▶対話を聞き，その直後にある質問に対して最も適切なものを 1，2，3，4 の中から
1 つ選びなさい。

(1) **1** How to get a job at a charity.

    2 Which charities handle funds carefully.

    3 How much average charitable donations are.

    4 Which charities receive the most donations. ① ② ③ ④

(2) **1** The graphs seem to be on the wrong pages.

    2 The graphs seem to contradict each other.

    3 The graphs do not have data about raw materials.

    4 The graphs have too much information in them. ① ② ③ ④

(3) **1** Talk to someone at the school.

    2 Complain to the government.

    3 Send Mandy to a different school.

    4 Reduce their expenses. ① ② ③ ④

(4) **1** He is a slow learner.

    2 He does not know much about statistics.

    3 He has given up on the assignment.

    4 He disagrees with the article's content. ① ② ③ ④

(5) **1** Interviewers usually make decisions quickly.

2 It is important to ask a lot of questions.

3 People should discuss both their strong and weak points.

4 It is not good to be too friendly with the interviewer.

①②③④

(6) **1** Letting him stay in London longer.

2 Getting more money for his trip.

3 Letting him keep his job.

4 Sending someone else to London.

①②③④

(7) **1** Their son should pay his own tuition.

2 They should try to help Dave find a job.

3 Dave should go back to school.

4 Dave may not be able to repay the money.

①②③④

(8) **1** Emphasize his strengths more.

2 Make the theme clearer.

3 Fix some vocabulary mistakes.

4 Reduce the number of accomplishments.

①②③④

Answers & Explanations ☞

Lesson 12
解答・解説
Answers & Explanations

□（1）　スクリプト / 和訳

What's that website you're looking at?	君が見ているそのウェブサイトは何？
It evaluates charities based on things like what percentage of their income actually goes to those in need.	このサイトでは慈善団体を評価していて，評価基準は収入の何％が実際に困っている人のもとに行くのかなどにもとづいているわ。
What do you mean?	どういう意味？
Well, I recently found out that one charity I used to give to was using the majority of the funds it received for office costs and staff salaries.	あのね，最近知ったことだけど，以前私が募金していたある慈善団体が，受け取った資金のほとんどを事務所の運営費や人件費のために使っているらしいの。
Is that common?	よくあることなのかい？
Apparently. I'm really glad I read a magazine article about the importance of charities avoiding waste with their spending.	そうらしいわね。慈善団体が資金を無駄にしないようにすることの重要性に関する雑誌記事を読んで本当によかったわ。
Hmm. Maybe I'll look up some of the charities that I donate to as well.	ふうん。僕も自分が寄付しているいくつかの慈善団体を調べてみるよ。

What information is the woman looking for?

女性はどんな情報を探しているか。

1 How to get a job at a charity.	**1** 慈善団体に就職する方法。
②　Which charities handle funds carefully.	**2** どの慈善団体が注意深く資金を使っているか。
3 How much average charitable donations are.	**3** 慈善のための平均的な寄付金の額はいくらか。
4 Which charities receive the most donations.	**4** どの慈善団体が最も多くの寄付を受け取っているか。

解説▶男性と女性が慈善団体について話し合っている状況。女性の発言全体の内容より，女性は**慈善団体の資金利用内訳について調べている**ことがわかる。女性の最後の発言より，女性は**慈善団体が資金を無駄にしないようにすることの重要性に関する記事を読んでよかった**と感じていることから，内容に一致する **2** が正解。ほかの選択肢の内容は説明されていないので誤り。

☐（**2**） スクリプト / 和訳

Terry, I think I found an error in this report.	テリー，この報告書には間違いがあると思うんだ。
What's the matter with it?	どこが問題なの？
Look at this graph on page 35. It shows that production increased by 17 percent over the past six months.	35 ページのこのグラフを見て。最近 6 ヵ月で生産量が 17%増えたことになっている。
OK.	そうね。
But then this graph on page 36 shows that our orders for raw materials declined over the past two years. How could production rise without raw material orders rising as well?	でも 36 ページのこのグラフによれば，この 2 年間で原料の注文が減っている。原料の注文が同じように増えないのに，どうやって生産量が増えるんだい？
That does seem odd. We'd better look into this.	それは変ね。調べた方がいいわ。
I'll get right on it.	すぐに取り掛かるよ。

What seems to be the problem with the report? / **報告書について，何が問題と思われるか。**

1 The graphs seem to be on the wrong pages.
②The graphs seem to contradict each other.
3 The graphs do not have data about raw materials.
4 The graphs have too much information in them.

1 グラフが間違ったページに入っているらしい。
2 グラフが互いに矛盾しているらしい。
3 グラフには原料に関するデータがない。
4 グラフに含まれている情報が多すぎる。

解説▶男性とテリー［女性］が報告書の間違いについて話し合っている状況。男性の 3 回目の発言より，**生産量と原料の注文数の相関に矛盾がある**ことがわかるので，**2** が正解。ほかの選択肢の内容は説明されていないので誤り。

重要語句 ☐ get right on ～（熟 ～にすぐに取り掛かる）

Lesson 12
解答・解説
Answers & Explanations

□（3）　スクリプト / 和訳

Oh no. They're raising the tuition at Mandy's school by 15 percent next year.	弱ったな。来年，マンディの学校が授業料を15%引き上げるそうだ。
Are you kidding?	冗談でしょ？
No, this letter we got today says that they had no choice but to do so. It's because the government has cut back on education funding.	いいや，今日受け取ったこの手紙に，そうせざるをえないと書いてある。政府が教育予算を削減したためだ。
Well, there goes our vacation abroad this summer.	うーん，今年の夏休みの私たちの海外旅行がなくなってしまうわ。
Yes, we're going to have to tighten our belts if we want Mandy to get a decent education.	うん，僕たちがマンディにきちんとした教育を受けさせたいと思ったら，倹約しなくちゃならないね。

What is the couple going to do?

1　Talk to someone at the school.
2　Complain to the government.
3　Send Mandy to a different school.
④　Reduce their expenses.

2人は何をするつもりか。

1　学校の関係者と話す。
2　政府に不満を言う。
3　マンディを別の学校に入れる。
4　出費を減らす。

解説▶男性と女性がマンディ［男性と女性の子供］の学校の授業料について話し合っている状況。男性の最後の発言の「**倹約しなくちゃならない**」から **4** が正解。ほかの選択肢の内容は説明されていないので誤り。

重要語句　□ cut back on ～（熟　～を削減する）　□ tighten one's belt（熟　出費を抑える）

□（**4**）　スクリプト / 和訳

Have you finished this week's journal article for our economics class?	経済学の授業で使う今週の雑誌記事を読み終えた？
I read it, but it was way over my head.	読んだけど難しすぎて歯が立たなかったよ。
I'm surprised to hear that. You usually pick up new concepts faster than me.	それは驚きね。あなたはいつも私より速く新しいことを身につけるじゃない。
Maybe it's because I don't have your background in statistics.	たぶん君のような統計学の背景知識がないからだよ。
Well, if you have any questions, just let me know.	じゃあ，もし何か質問があれば私に知らせてね。
Thanks. I'm going to take another crack at it tonight, but don't be surprised if you get a phone call.	ありがとう。今夜もう一度読んでみようと思うよ。でも，僕が電話しても驚かないでね。

Lesson
12

What does the man say that his problem is?	自分の問題は何だと男性は言っているか。
1　He is a slow learner.	**1**　覚えるのが遅い。
②　He does not know much about statistics.	**2**　統計学についてあまり知らない。
3　He has given up on the assignment.	**3**　課題を諦めている。
4　He disagrees with the article's content.	**4**　記事の内容に賛成しない。

解説▶男性と女性が授業で使う雑誌記事について話し合っている状況。男性の2回目の発言に「**統計学の背景知識がない**」とあるので，**2**が正解。**1**は女性の2回目の発言から誤り。男性の最後の発言によると，男性は雑誌記事を読むことに再挑戦しようとしているので課題を諦めたわけではない。したがって**3**は誤り。**4**の内容は説明されていないので誤り。

重要語句　□ way over one's head（熟 難しすぎて歯が立たない）　□ statistics（名 統計学，統計）
　　　　　□ take a crack at ～（熟 ～を試してみる）

Lesson 12
解答・解説
Answers & Explanations

青文字＝放送される英文（スクリプト）　赤文字＝正解・語義
＝男性　　＝女性

□（5）　スクリプト／和訳

Do you have any advice for my job interview tomorrow?

明日の私の就職面接に向けて何か助言はある？

I assume you've made a list of strong points that you want to emphasize, right?

自分が強調したい長所のリストは当然作っているよね？

Sure.

もちろん。

One thing I've heard is that most interviewers make up their mind about the candidate within the first few minutes, and then the rest of their questions are just designed to confirm that impression.

僕が聞いたことの1つは，ほとんどの面接官は最初の2，3分で志願者を判断して，残りの質問はその印象を確認するためのものにすぎないそうだ。

Really? I didn't know that.

本当？　知らなかったわ。

Yes, it's important to establish a connection with the interviewer quickly.

うん，すばやく面接官との関係を築くことが大切だよ。

I'll be sure to do that.

必ずそうするわ。

What does the man tell the woman about job interviews?

男性は就職面接について女性に何と言っているか。

1 Interviewers usually make decisions quickly.
2 It is important to ask a lot of questions.
3 People should discuss both their strong and weak points.
4 It is not good to be too friendly with the interviewer.

1 面接官はいつもすばやく結論を下す。
2 多くの質問をすることが大切だ。
3 人々は自分の長所と短所を議論すべきだ。
4 面接官と親しくしすぎるのはよくない。

解説▶男性と女性が受ける就職面接について話し合っている状況。男性の2番目の発言に「ほとんどの面接官は最初の数分で志願者を判断する」とあるので，1が正解。男性は関係を築くことが大事とは言っているが，親しくしすぎることについては言及していないので4は誤り。ほかの選択肢の内容は説明されていないので誤り。

□**(6)** スクリプト / 和訳

What's the matter, Don?	どうしたの，ドン？
I'm looking for accommodation for my business trip on Thursday. There just isn't anything within my expense account limits.	木曜日の出張のために宿泊施設を探しているんだ。必要経費の上限に収まる宿が1つもないんだよ。
Accommodation prices in London are outrageous, aren't they?	ロンドンの宿泊施設の料金は法外な値段よね。
Yes, I think I'm going to have to ask the manager for an exemption so I can afford to stay somewhere decent.	うん，まともなところへ泊まれるように，部長に（必要経費の上限の）免除を頼まなくちゃ。
She can be really tight-fisted.	部長は予算にとても厳しいかも。
Well, if I can't convince her, I'll be sleeping on the street.	そうだね，もし彼女を説得できなければ，路上で寝るさ。

What will the man talk to the manager about?

1　Letting him stay in London longer.
②　Getting more money for his trip.
3　Letting him keep his job.
4　Sending someone else to London.

男性は何について部長と話すだろうか。

1　ロンドンでの滞在期間を伸ばすこと。
2　旅費を増やすこと。
3　仕事を続けさせること。
4　ロンドンに別の者を出張させること。

解説▶ ドン［男性］と女性が出張の宿泊施設について話し合っている状況。男性の2回目の発言に「**部長に（必要経費の上限の）免除を頼む**」とあるので，**2**が正解。ほかの選択肢の内容は説明されていないので誤り。

重要語句　□ expense account（⑧ 経費勘定，必要経費）　□ outrageous（⑱（料金が）法外な）
　　　　　□ exemption（⑧ 免除，適用除外）　□ tight-fisted（⑱ けちな，（財政が）緊縮の）

Lesson 12
解答・解説
Answers & Explanations

□（7）　スクリプト／和訳

My brother Dave has asked me for another loan. He said he needs $1,200.	弟のデイブが私にまたお金を貸してくれと言ってきたの。1,200 ドル必要だって。
What? That's a lot of money.	なんだって？　それは大金だね。
He says it's for his daughter's tuition.	彼の娘さんの授業料に使うそうよ。
You know, Sandra, our son's going to be starting college in three years. We need to be putting money away for that.	ねえ，サンドラ，うちの息子は 3 年後に大学に進むんだ。そのために僕たちは貯金しなくちゃならない。
My brother will get hired somewhere soon. You know he's good for the money.	弟はすぐにどこかで仕事に就くわ。彼はお金に汚くはないでしょ。
I'm afraid I'm beginning to have some doubts about that. He's been out of work for over a year now.	申し訳ないけど，僕はそれを多少疑い始めているんだ。彼はもう 1 年以上無職だよ。

What is the man's opinion?

1 Their son should pay his own tuition.
2 They should try to help Dave find a job.
3 Dave should go back to school.
④ Dave may not be able to repay the money.

男性の意見は何か。

1 息子は自分で授業料を払うべきだ。
2 デイブが仕事を見つけるのを手伝おうとするべきだ。
3 デイブは学校へ戻るべきだ。
4 デイブはお金を返せないかもしれない。

解説▶ 男性とサンドラ［女性］が，デイブ［女性の弟］がお金を借りようとしてきたことについて話し合っている状況。男性の最後の発言に「**彼［デイブ］はもう 1 年以上無職だ**」とあるので **4** が正解。ほかの選択肢の内容は説明されていないので誤り。

□（ **8** ）　スクリプト / 和訳

What did you think of my college application letter?	僕が書いた大学に出願する手紙をどう思った？

You obviously spent a lot of time on it, and the overall message is clear and concise. On the other hand, I know you're supposed to emphasize your strengths, but I feel like you've overdone it somewhat.	あなたがそれに十分時間をかけたことは言うまでもないし、全体のメッセージは明瞭で簡潔だわ。だけど、あなたが自分の長所を強調しなければならないことはわかるけど、少し行きすぎている感じね。

Do you think it sounds arrogant?	偉そうな感じがすると思う？

Hmm... that's a bit of a strong word, but I think you could tone it down. Maybe you should focus on one or two achievements instead of listing them all.	うーん、それは少し言いすぎだけど、控えめな表現にできると思うわ。学業成績の全部を列挙するのではなくて、1つか2つに焦点を合わせる方がよさそうね。

How does the woman suggest that her son change his college application letter?	**女性は、息子が大学に出願する手紙をどのように変えるよう提案しているか。**
1　Emphasize his strengths more.	**1**　自分の長所をもっと強調する。
2　Make the theme clearer.	**2**　主題をもっと明確にする。
3　Fix some vocabulary mistakes.	**3**　いくつかの語彙のミスを修正する。
④　Reduce the number of accomplishments.	**4**　学業成績の数を減らす。

解説▶男性と女性が、男性が大学に出願する手紙について話し合っている状況。女性の最後の発言に「業績の全部を列挙するのではなく1つか2つに焦点を合わせる方がよい」とあるので **4** が正解。**1** は女性の1回目の発言で「少し行きすぎている」とあるので誤り。ほかの選択肢の内容は説明されていないので誤り。

重要語句 □ tone ～ down（ 熟 ～を和らげる、抑える）

SCORE	CHECK YOUR LEVEL
╱40点 （8問×各5点）	0〜15点 ➡ *Work harder!* 20〜25点 ➡ *OK!* 30〜40点 ➡ *Way to go!*

LISTENING

Lesson 13

問題
Questions

◀)) 音声 ▶ **L&R_LV6_13-Q**

🕐 所要時間 ▶ **11** 分

☑ 目標得点 ▶ **40** /50点

DATE

▶英文を聞き，その直後にある質問に対して最も適切なものを **1**，**2**，**3**，**4** の中から
1つ選びなさい。

[A] **(1)** **1** It was safer for armies to store.

2 It took less time to load into guns.

3 It did more damage when it hit targets.

4 It made it easier to hit distant targets. ①②③④

(2) **1** It made armies use artillery more.

2 It caused more soldiers to die in close combat.

3 It made attacking more difficult.

4 It caused fires to start during battles. ①②③④

[B] **(1)** **1** More innocent people would be found guilty.

2 It would be harder for judges to decide.

3 Juries would not be necessary.

4 Trials would take longer to complete. ①②③④

(2) **1** It has led to overcrowded prisons.

2 It causes more people to be found guilty.

3 It can harm defendants' reputations.

4 It makes trial procedures too complicated. ①②③④

[C] **(1)** **1** Poor children should work instead of go to school.

2 People's environments affect their intelligence.

3 Adult workers could benefit from education.

4 Factories should not make any profits. ①②③④

(2) **1** His factory was not successful.

2 His workers disliked him.

3 He criticized religion.

4 He criticized current laws. ①②③④

[**D**] （ 1 ） **1** Providing a large amount of information.
2 Researching average salaries beforehand.
3 Emphasizing one's skills.
4 Being the first to make an offer. ①②③④

（ 2 ） **1** By including a salary range.
2 By stating that one is flexible.
3 By waiting to hear the other party's offer.
4 By using precise language. ①②③④

[**E**] （ 1 ） **1** There is not enough CO_2 for it.
2 It could affect water quality on the surface.
3 It could lead to too much global warming.
4 The frozen water could make it impossible. ①②③④

Lesson
13

（ 2 ） **1** It could lead to war on Earth.
2 It could reduce the water in lakes.
3 It could harm life on the planet.
4 It could create dangerous new molecules. ①②③④

Answers & Explanations ☞

Lesson 13
解答・解説
Answers & Explanations

□ [A] スクリプト / 和訳

The Minié Ball

During the American Civil War in the 1860s, a type of ammunition known as the Minié ball came into widespread use. Before that, soldiers used weapons with barrels that were smooth on the inside and fired round balls. These could be aimed effectively only at a range up to about 45 meters. The Minié ball, however, was cone-shaped and had grooves on it that matched grooves on the barrel of weapons called rifled muskets. Because of this revolutionary design, the range at which they could be fired accurately increased approximately six-fold.

Previously, attacking infantry could approach the enemy very closely and then make a charge, attempting to engage them in hand-to-hand combat, where superior numbers would generally win the day. The Minié ball, however, allowed defenders to produce a withering hail of fire that could not be returned by attackers because it was difficult to reload while advancing. This made frontal attacks on enemy positions nearly suicidal. The Minié ball also meant artillery could no longer be placed close to enemy infantry because the gunners would be shot. They now had to be positioned in the rear, making them far less effective.

ミニエー弾

❶ 1860年代のアメリカ南北戦争の間，ミニエー弾という種類の弾丸が広く使われるようになった。それ以前の兵士は，内部がなめらかで丸い弾を発射する銃身の付いた武器を使っていた。これらは最大約45メートルまでの範囲内しか効果的に狙うことができなかった。しかしミニエー弾は円錐形で，ライフル型マスケット銃という名の武器の銃身の溝に合う溝が刻まれていた。この革命的な設計のおかげで，その弾が正確に発射できる範囲は約6倍に広がった。

❷ 以前の攻撃歩兵隊は敵のごく近くまで接近して攻撃できたので，接近戦での戦いを試みて，たいてい数が多い方が勝っていた。しかしミニエー弾は進撃中に再び弾を込めるのが難しかったので，守備側は攻撃側が反撃できないほど相手を萎縮させる砲撃の雨を作り出すことができた。これによって，敵陣への正面攻撃はほとんど自殺行為になった。ミニエー弾（の導入）によって，砲手が撃たれてしまうので，敵の歩兵隊近くにはもはや砲兵隊を配置できなくなった。砲兵隊は今や後方に配置する必要があり，それによって効果が激減した。

重要語句　□ ammunition（图 弾丸，弾薬，武器）　□ barrel（图 銃身）　□ cone-shaped（形 円錐形の）
　　　　　□ groove（图 溝）　□ six-fold（副 6倍に）　□ infantry（图 歩兵隊）
　　　　　□ hand-to-hand combat（图 接近戦）　□ withering（形 萎縮させる）
　　　　　□ reload（動 再び弾丸を込める）　□ artillery（图 砲兵隊，砲）

□(1) スクリプト / 和訳

What is one thing that we learn about Minié ball ammunition?

1 It was safer for armies to store.
2 It took less time to load into guns.
3 It did more damage when it hit targets.
④ It made it easier to hit distant targets.

ミニエー弾についてわかる１つのことは何か。

1 軍が保管するのにより安全だった。
2 銃に弾を込める時間が減った。
3 標的に当たればより大きな損傷を与えた。
4 遠くの標的に当てることをより容易にした。

解説 ▶ 第１段落の最後の文で「その弾（ミニエー弾）が正確に発射できる範囲は約６倍に広がった」とあるので，**4** が正解。ほかの選択肢の内容は説明されていないので誤り。

□(2) スクリプト / 和訳

What was one result of the adoption of Minié ball ammunition?

1 It made armies use artillery more.
2 It caused more soldiers to die in close combat.
③ It made attacking more difficult.
4 It caused fires to start during battles.

ミニエー弾の採用の１つの結果は何だったか。

1 軍が使う砲が増えた。
2 接近戦で死ぬ兵士が増えた。
3 攻撃がより難しくなった。
4 戦闘中に火事が起きた。

Lesson
13

解説 ▶ 第２段落の最後の２文より，弾丸を再び込めるのが難しいミニエー弾の採用によって，砲手が撃たれてしまうので，砲兵隊の位置を効果の薄い後方へ変えなければならなくなったことがわかるので，**3** が正解。**2** は，第２段落第２〜３文より，守備側は攻撃側が反撃できないほど銃弾を打ち込むことができるため，接近しての攻撃は自殺行為となったとあるが，死ぬ兵士が増えたと明言しているわけではないので，**3** がより適当である。ほかの選択肢の内容は説明されていないので誤り。

Lesson 13
解答・解説
Answers & Explanations

□ [B] スクリプト / 和訳

Not Proven

In courts around the world, defendants in criminal cases are generally found to be either "guilty" or "not guilty." Scotland, however, is an exception. It has a third verdict known as "not proven." This is generally handed down when a judge or jury believes that the person is likely to be guilty, but there is not enough evidence to prove it. Today, about one-third of defendants receive a not-proven verdict. Proponents of the not-proven verdict argue that if there were only two verdicts, some people who currently receive the not-proven verdict would instead be found guilty. This would mean that more people would be convicted of crimes, increasing the chances that innocent people would receive guilty verdicts.

Critics, however, argue that not-proven verdicts are unfair to people who receive them. Even though they are not punished or sent to prison, there can be an impression in the eyes of the community that they are actually guilty. In addition, victims may be left with feelings that they have not received justice because the person has not been proven innocent but is not being punished either. Studies are currently being carried out about whether the verdict should be abolished.

証拠不十分

❶ 世界中の法廷で，刑事事件の被告人は一般に「有罪」または「無罪」のどちらかの判決を受ける。しかし，スコットランドは例外である。そこには「証拠不十分」という名の第3の裁定がある。これが通例言い渡されるのは，本人は有罪の可能性が高いがそれを証明する十分な証拠がないと裁判官や陪審団が判断した場合である。今日，被告の約3分の1は証拠不十分の裁定を受ける。証拠不十分という裁定の支持者たちは，裁定が2つだけだと，現在証拠不十分と裁定される一部の人々は代わりに有罪判決を受けるだろうと主張する。これは，有罪を宣告される人が増加し，無実の人々が有罪とされる可能性が高まることを意味する。

❷ しかし批判派は，証拠不十分の裁定がそれを受ける人々にとって不公平だと主張する。彼らは罰を受けたり投獄されたりはしないが，実際は有罪だと地域社会の目には映るかもしれない。さらに (事件の) 犠牲者は，(証拠不十分と裁定を受けた) その人物が無実だと証明されず罰せられてもいないために，裁判を受けていないという感情をもち続けるかもしれない。その裁定を廃止すべきかどうかについての研究が，現在行われている。

重要語句 □ defendant (名 被告) □ verdict (名 評決，裁定)
□ convict ～ of a crime (動 ～に有罪を宣告する)
□ justice (名 裁判，当然の報い，公正な処罰)

□（1）　スクリプト / 和訳

What do some people say would happen if there were no not-proven verdict?

①　More innocent people would be found guilty.
2　It would be harder for judges to decide.
3　Juries would not be necessary.
4　Trials would take longer to complete.

一部の人は証拠不十分の裁定がなければ何が起こると言うか。

1　無実でありながら有罪判決を受ける人が増えるだろう。
2　裁判官が判決を下すのがより難しくなるだろう。
3　陪審団が不要になるだろう。
4　裁判が終わるまでの時間が長くなるだろう。

解説▶ 第1段落第6〜7文に「裁定が2つだけだと，証拠不十分と裁定される一部の人々は有罪判決を受けるだろう」，「これは，無実の人々が有罪とされる可能性が高まることを意味する」とあるので **1** が正解。ほかの選択肢の内容は説明されていないので誤り。

□（2）　スクリプト / 和訳

What is one criticism of the not-proven verdict?

1　It has led to overcrowded prisons.
2　It causes more people to be found guilty.
③　It can harm defendants' reputations.
4　It makes trial procedures too complicated.

証拠不十分の裁定に対する1つの批判は何か。

1　刑務所が過密になっている。
2　有罪判決を受ける人が増える。
3　被告人の評判を傷つける可能性がある。
4　審理手続きが複雑になりすぎる。

Lesson
13

解説▶ 第2段落第2文に証拠不十分と裁定された人が「**実際は有罪だと地域社会の目には映るかもしれない**」とあることから，**3** が正解。第1段落の最後の文に，「有罪判決を受ける人が増える」とあるが，これは証拠不十分の裁定に対する賛成派の意見であり，批判ではないので **2** は誤り。ほかの選択肢の内容は説明されていないので誤り。

Lesson 13
解答・解説
Answers & Explanations

□ **[C]** スクリプト / 和訳

Robert Owen

Born in England in 1771, Robert Owen made his fortune in textiles. However, he became deeply concerned about the way that factory employees were treated. At the time, the prevailing wisdom held that individuals were poor because they were born intellectually inferior. Owen, however, saw that environment, particularly in a child's formative years, was crucial in shaping character. Owen opened a factory called New Lanark where he hoped to show that conventional ideas about the poor were wrong. Owen educated the workers' children and significantly reduced his employees' working hours, yet still managed to turn a profit.

Social reformers were impressed by the behavior and maturity of the children there. Owen gained support for planned communities where poor people would work, live, and be educated. He also attempted to have laws protecting workers' rights passed. However, Owen was an atheist, and when he declared that religion was an obstacle to social progress, he lost much of the backing from his highly religious supporters. Today, he is remembered as a man whose ideas were influential and important, but many historians agree that sadly, they were too far ahead of their time.

ロバート・オーウェン

❶ 1771 年にイギリスで生まれたロバート・オーウェンは，織物で財を成した。しかし彼は，工場で働く人々の扱われ方を深く懸念した。当時広まっていた見識は，人が貧しいのは知的に劣って生まれたからだと考えていた。しかしオーウェンは，環境，特に子供の発育期の環境が人格形成において決定的に重要だと理解した。オーウェンはニュー・ラナークという名の工場を開設し，貧しい人々に関する従来の思想が間違いだということをそこで示したいと考えた。オーウェンは労働者の子を教育し，工員たちの勤務時間を大幅に減らし，それでもなお何とか利益を出すことができた。

❷ 社会改革派の人々は，その工場での子供たちの振る舞いと成熟に感銘を受けた。オーウェンは，貧しい人々が働き，暮らし，教育を受ける計画的な共同体への支援を得た。また彼は，労働者の権利を守る法律を可決させようとした。しかしオーウェンは無神論者であり，宗教が社会の発展の障害だと言明したとき，非常に信心深い支援者の援助の多くを失った。今日彼は有力で重要な思想をもつ人物として記憶されているが，その思想は悲運にも，彼が生きた時代より進みすぎていたという点で多くの歴史家の意見は一致している。

重要語句 □ textile（⊗ 織物）　□ intellectually（⊛ 知的に）　□ formative years（⊗ 発育期）
　　　　□ atheist（⊗ 無神論者）　□ backing（⊗ 援助，支援）

□（ 1 ）　スクリプト / 和訳

What did Robert Owen believe?

1 Poor children should work instead of go to school.

② People's environments affect their intelligence.

3 Adult workers could benefit from education.

4 Factories should not make any profits.

ロバート・オーウェンは何を信じていたか。

1 貧しい子は学校に行かずに働くべきである。

2 人々の環境は本人の知能に影響を与える。

3 大人の労働者は教育から恩恵を得られる。

4 工場は利益を出すべきではない。

解説▶第1段落第4文に「環境，特に子供の発育期の環境が人格形成において決定的に重要だ」とあるので，**2** が正解。ほかの選択肢の内容は説明されていないので誤り。

□（ 2 ）　スクリプト / 和訳

Why did Robert Owen lose support?

1 His factory was not successful.

2 His workers disliked him.

③ He criticized religion.

4 He criticized current laws.

ロバート・オーウェンはなぜ支持を失ったのか。

1 自分の工場が成功しなかった。

2 雇った工員たちが彼を嫌った。

3 宗教を批判した。

4 現行法を批判した。

解説▶第2段落第4文でオーウェンが宗教に対して批判的な発言を行ったことが原因で支持の多くを失ったと説明されているので **3** が正解。ほかの選択肢の内容は説明されていないので誤り。

Lesson
13

解答・解説
Answers & Explanations

□ [D] スクリプト / 和訳

Salary Negotiations

Salary negotiations can be a stressful experience. Employees want to walk away with an amount commensurate with their skills and experience but are also aware of the importance of staying on good terms with their employers. One technique that many negotiation experts are currently advocating is known as anchoring. While in the past, it was commonly held that one should wait for the other party to make the first offer, believers in anchoring say the opposite is true. Research has shown that people tend to be heavily influenced by the first piece of information offered. Therefore, by beating the other party to the punch when it comes to naming the initial amount, one gains an advantage because the other party is likely to name an amount that is in the vicinity of that number.

One important point to remember, however, is that one does not want to be perceived as aggressive. In order not to derail negotiations, therefore, rather than naming a precise figure in one's initial request, it is better to name both an upper and lower figure. This shows flexibility while still anchoring the negotiations in the vicinity of one's desired salary.

賃金交渉

❶ 賃金交渉はストレスが多い経験になりうる。従業員は自分の技術や経験に見合う額を楽に得たいと思うが，雇用主と良い関係を保つことの重要性にも気づいている。多くの交渉専門家が現在提唱している１つの技術が，アンカリングと呼ばれる。かつては相手が最初の申し出をするのを待つべきだと一般に考えられていたが，アンカリングの支持者はその逆が正しいと言う。研究によれば，人々は提示された最初の情報に大きく影響される傾向がある。したがって最初の額を指定するにあたっては，相手に対して先手を打つことによって優位に立つことができる。なぜなら相手は，その額に近い額を指定する可能性が高いからである。

❷ しかし覚えておくべき１つの重要な点は，人は攻撃的と思われたくないということである。したがって交渉を破綻させないためには，最初の要求で厳密な数字を出すよりも，高い方と低い方の数字の両方を出すのがよい。これによって自分が望む給料の近くに交渉をとどめたままで柔軟性を見せられる。

重要語句 □ walk away with ～（熟 ～を楽に手に入れる，持ち去る）
□ commensurate with ～（熟 ～と釣り合う）　□ beat ～ to the punch（熟 ～に対して先手を打つ）
□ in the vicinity of ～（熟 ～の近くに）　□ derail（動 ～を脱線させる）
□ anchor（動 ～をとどめておく，固定する）

□（1）　スクリプト / 和訳

What has research shown to be important in negotiations?

1　Providing a large amount of information.
2　Researching average salaries beforehand.
3　Emphasizing one's skills.
④　Being the first to make an offer.

交渉では何が重要だと研究は示しているか。

1　大量の情報を提供すること。
2　事前に平均的な給料を調査すること。
3　自分の技能を強調すること。
4　自分の方から（額を）提示すること。

解説▶ 第1段落第5〜6文の内容より，相手は最初に提示された情報に影響されやすいという研究結果から，相手の先手を打って自分の方から最初の金額を指定することで，交渉において優位に立てることがわかる。この内容に一致する**4**が正解。ほかの選択肢の内容は説明されていないので誤り。

□（2）　スクリプト / 和訳

How can one prevent being seen as aggressive?

①　By including a salary range.
2　By stating that one is flexible.
3　By waiting to hear the other party's offer.
4　By using precise language.

どうすれば人は攻撃的と見なされるのを防げるか。

1　給料の範囲を含めることによって。
2　自分が柔軟であると述べることによって。
3　相手の提示を聞くのを待つことによって。
4　正確な言葉を使うことによって。

Lesson
13

解説▶ 第2段落第2文で，攻撃的と見なされないためには高い方と低い方の数字の両方を出すのがよいと説明されているので，**1**が正解。ほかの選択肢の内容は説明されていないので誤り。

Lesson 13
解答・解説
Answers & Explanations

☐ [E] スクリプト / 和訳

Terraforming Mars

If humans are to someday inhabit the planet Mars, one potential option is terraforming. Through this process, an atmosphere with breathable oxygen could possibly be created, allowing humans to survive there without spacesuits. The chief obstacle, however, is increasing the air pressure sufficiently to raise temperatures and allow water to exist as a liquid on the surface. Previous plans had speculated that releasing CO_2 by melting the polar icecaps or using other techniques could create a global warming effect similar to the one currently underway on Earth. But according to a recent NASA report, CO_2 levels on Mars are insufficient to raise temperatures high enough to create a suitable atmosphere.

Even if the terraforming process were possible, recent discoveries raise questions about whether it should even be attempted. The existence of subsurface lakes and the discovery of organic molecules indicate that the presence of biological organisms is a distinct possibility. Terraforming could involve the detonation of nuclear weapons or large-scale mining projects that would strip mine vast areas of the surface in order to extract carbon. This could wipe out the organic matter, thus raising serious ethical questions.

火星の地球化

❶ もし人間がいつか火星に住むとすれば，1 つの可能な選択肢は地球化である。この過程を通じて，呼吸可能な酸素をもつ大気圏が作られ，宇宙服なしで人間がそこで生存できるようになるかもしれない。しかし主な障害は，気温を上げて地表に液体として水が存在できる程度まで気圧を十分に上げることである。以前の計画は，極地の氷帽を溶かしたりほかの技術を使ったりして二酸化炭素を放出することで，地球で現在進行中の地球温暖化効果に似たものを生み出せると考えた。しかし最近の NASA の報告によると，適度な大気を作り出せるほど気温を上げるには火星の二酸化炭素レベルでは足りない。

❷ たとえ地球化の過程が可能でも，最近の発見はそれを試みさえするかどうかに関して疑問を投げかけている。表面下の湖の存在と有機分子の発見は，生物有機体の存在の明確な可能性を示している。地球化は，核兵器の爆発や炭素を抽出するために地表の広大な地域で露天掘りを行う大規模な採掘計画を伴うかもしれない。これによって有機物が全滅し，それゆえに深刻な倫理的問題が生じるかもしれない。

重要語句 ☐ terraforming（㊂ 地球化）　☐ icecap（㊂ 氷帽）　☐ organic molecule（㊂ 有機分子）
☐ biological organism（㊂ 生物（有機体））　☐ detonation（㊂ 爆発）
☐ wipe out ～（㊙ ～を全滅させる）　☐ organic matter（㊂ 有機物）

□(1) スクリプト / 和訳

What did the NASA report indicate about terraforming Mars?

(1) There is not enough CO₂ for it.
2 It could affect water quality on the surface.
3 It could lead to too much global warming.
4 The frozen water could make it impossible.

NASA の報告は火星の地球化について何を示したか。

1 そのための十分な二酸化炭素がない。
2 それは表面の水質に影響を与えるかもしれない。
3 それは過度の地球温暖化につながるかもしれない。
4 凍結した水がそれを不可能にするかもしれない。

解説▶第1段落の最後の文に「**適度な大気を作り出せるほど気温を上げるには，火星の二酸化炭素レベルでは足りない**」とあるので，**1** が正解。第1段落第4文で，以前は火星で二酸化炭素を放出することで，地球温暖化効果と似たものを火星で生み出すことが計画されていたが，地球温暖化との関係は説明されていない。したがって **3** は誤り。ほかの選択肢の内容は説明されていないので誤り。

□(2) スクリプト / 和訳

What is one reason some people do not believe terraforming should be attempted?

1 It could lead to war on Earth.
2 It could reduce the water in lakes.
(3) It could harm life on the planet.
4 It could create dangerous new molecules.

地球化は試みられるべきではないと一部の人々が信じる1つの理由は何か。

1 地球で戦争を引き起こすかもしれない。
2 湖の水が減るかもしれない。
3 その惑星の生命に害を与えるかもしれない。
4 危険な新しい分子を生み出すかもしれない。

Lesson
13

解説▶第2段落の第2～4文で「（最近の発見は）**生命体の存在の可能性を示しているが，地球化が核爆発などを伴うことで，有機物が全滅し，深刻な倫理的問題が生じるかもしれない**」ということが述べられているので，**3** が正解。ほかの選択肢の内容は説明されていないので誤り。

SCORE	CHECK YOUR LEVEL
╱50点 (10問×各5点)	0～20点 ➡ *Work harder!* 25～35点 ➡ *OK!* 40～50点 ➡ *Way to go!*

LISTENING

Lesson 14
問題
Questions

14

◀)) 音声 ▶ L&R_LV6_14-Q

🕐 所要時間 ▶ [15] 分

✔ 目標得点 ▶ [40] /50点

DATE

▶英文を聞き，その直後にある質問に対して最も適切なものを **1**，**2**，**3**，**4** の中から１つ選びなさい。

(**1**) *Situation* : You are at a teachers' convention and would like to get information on helping students from poor families. You hear the following announcement.

Question : Where should you go?

1   The Glanworth Room.
2   The Foster Auditorium.
3   The Wallace Theater.
4   The Cochran Multimedia Center.   ① ② ③ ④

(**2**) *Situation* : You are about to leave your home in the suburb of Lambeth and are planning to drive into downtown Williamsville. You hear the following traffic report.

Question : Which route should you take?

1   The 301 Expressway.
2   Jarvis Street.
3   The Bywater Bridge.
4   Highway 8.   ① ② ③ ④

(**3**) *Situation* : You are visiting a garden center to buy flowers for a very shady spot in your garden. You are only able to work in the garden occasionally.

Question : Which type of flowers should you get?

1   Yarrow.
2   Lilies.
3   Impatiens.
4   Petunias.   ① ② ③ ④

(**4**)　*Situation* : You are the assistant manager of a printing company. You get the following call from the manager. You have a meeting with an ink supplier at 3 o'clock.

　　Question : What should you do?

　　1　　Go to General Snack Foods yourself.
　　2　　Take care of things at the factory for your boss.
　　3　　Change the time of the meeting with the ink company.
　　4　　Ask Yannick to find out why the error was made.　①②③④

(**5**)　*Situation* : You are an assistant manager and are hoping for a promotion within the next year. You are willing to move to another branch but do not want to leave the city. Your supervisor is giving you advice.

　　Question : What should you do?

　　1　　Wait for a job to open up in the East Side branch.
　　2　　Transfer to the personnel section in your current office.
　　3　　Apply for the position in the Riverdale Branch.
　　4　　Contact Jack Murphy about replacing him.　①②③④

(**6**)　*Situation* : You need a baby monitor. You want to be able to check on your daughter visually when you are out in the yard, but you are very concerned about privacy. A friend is giving you advice.

　　Question : Which monitor should you buy?

　　1　　The Baby View Plus.
　　2　　The Angel Watch.
　　3　　The Baby Tech 5.
　　4　　The Hello Baby.　①②③④

Questions ☞

(7) *Situation* : You want to increase your home's value as much as possible before selling it. Your budget is $2,500, and you can do simple home improvement projects yourself. A real estate agent is giving you advice.

Question : What should you do?

1   Purchase new kitchen appliances.
2   Turn the study into a bedroom.
3   Add a third bathroom.
4   Have landscaping work done.   ① ② ③ ④

(8) *Situation* : You are a software developer. Your supervisor is explaining the results of play testing of the new game you are working on. Adding totally new content will take at least four months.

Question : What should you prioritize?

1   Fixing the technical problems.
2   Adding additional content.
3   Hiring additional staff.
4   Improving the game's graphics.   ① ② ③ ④

(9) *Situation* : You are talking to your professor about your undergraduate thesis. You need an A in order to receive a scholarship at graduate school next year but do not have time to change your topic because you are busy with your part-time job.

Question : What should you do?

1   Add more information about *Moby-Dick*.
2   Improve the section on *Billy Budd*.
3   Follow his advice concerning *Bartleby, the Scrivener*.
4   Write about *Israel Potter*.   ① ② ③ ④

(**10**) *Situation* : You are shopping for furniture. You want to buy a sofa and a coffee table at the lowest cost. A sofa costs $1,200 and a coffee table costs $400. A salesperson is explaining payment options.

Question : What should you do first?

1   Purchase the sofa for cash.

2   Apply for a credit card.

3   Use your credit card to buy the coffee table.

4   Purchase the coffee table online.

Lesson
14

Answers & Explanations ☞

☐**(1)** スクリプト / 和訳

> Situation: You are at a teachers' convention and would like to get information on helping students from poor families. You hear the following announcement.

Attention, conference attendees. We hope you are enjoying our program of presentations and panel discussions, and would like to let you know about a few adjustments to today's schedule. Unfortunately, the presentation on classroom discipline by Dr. Neil Spratt in the Glanworth Room at 9 a.m. has been postponed until tomorrow. In its place, a panel discussion on the subject of motivating underprivileged children in the classroom will be held at the same time, but it will be in a slightly larger venue, the Foster Auditorium. One further adjustment to our program today concerns Dr. Wyatt Galveston's lecture about his research into utilizing non-financial rewards as a motivator for children who are struggling with their reading. It has been moved from the Wallace Theater to the Cochran Multimedia Center.

> 状況：あなたは教員の総会に出席しており，貧しい家庭の生徒の援助に関する情報を得たいと思っています。あなたは，次のようなアナウンスを聞きます。

総会にご出席の皆様，お聞きください。当大会のプレゼンテーションやパネルディスカッションのプログラムにご満足いただけていれば幸いです。本日の予定にいくつか訂正がありますので，お知らせしたいと思います。あいにくですが，グランワース・ルームで午前９時から行われる，ニール・スプラット博士の教室内の規律に関する発表は，明日に延期になりました。その代わりに，恵まれない子供たちに教室でやる気を起こさせるというテーマのパネルディスカッションが同じ時間帯に行われます。ただし，こちらは少し大きめの会場，フォスター講堂での開催です。もう１つ，本日のプログラムのワイアット・ガルベストン博士の講演について変更があります。この講演は，読むことが苦手な子供たちのやる気を金銭以外の報酬で引き出す研究に関するものです。それは会場がウォレス階段教室からコクラン・マルチメディア・センターに変更されました。

重要語句　☐ underprivileged（形 恵まれない）

Where should you go?	あなたはどこに行くべきか。
1 The Glanworth Room.	**1** グランワース・ルーム。
(**2**) The Foster Auditorium.	**2** フォスター講堂。
3 The Wallace Theater.	**3** ウォレス階段教室。
4 The Cochran Multimedia Center.	**4** コクラン・マルチメディア・センター。

解説▶ 自分が知りたい情報（貧しい家庭の生徒を援助するための情報）をどこに行けば聞けるかを判断する問題。アナウンスの第4文によると，恵まれない子供たちに教室でやる気を起こさせるというテーマでパネルディスカッションが行われる場所はフォスター講堂であることがわかるので，**2** が正解。**4** のコクラン・マルチメディア・センターで行われるのは，読むことが苦手な子供たちについての講義であり，貧しい子供に関する内容ではないので誤り。

Lesson
14

Lesson 14
解答・解説
Answers & Explanations

☐（2）　スクリプト / 和訳

> Situation: You are about to leave your home in the suburb of Lambeth and are planning to drive into downtown Williamsville. You hear the following traffic report.

This morning's fog has stalled traffic throughout Williamsville. Traffic on the 301 Expressway is at a standstill due to a three-car pileup that still has not been cleared. People in Lambeth and Byron will therefore have to find an alternate route into the city. Traffic on Jarvis St. is one-way only due to construction with delays of up to 45 minutes, so the Bywater Bridge is probably your best route into the city center, although it's moving less briskly than usual due to the fog. If you're coming from the other side of the city, Highway 8 was also the scene of a serious accident this morning, but police report that traffic is moving normally now. There is a bit of fog remaining, though, so remember to drive cautiously no matter which route you take.

> 状況：あなたはランベス郊外にある自宅を出ようとしており、ウィリアムズビルの中心街へ車で行く予定です。あなたは、次の交通情報を聞きます。

今朝の霧のため、ウィリアムズビル全域で交通渋滞が続いています。高速道路301号線上で交通が滞っており、車3台の玉突き事故後の処理が終わっていないことが原因です。そのため、ランベスやバイロンから市内へ向かうには、別の経路を取る必要があるでしょう。ジャービス通りは建設工事のため一方通行のみとなっており、最大で45分の遅れが出ています。したがって、市の中心部へ向かうには、バイウォーター橋経由がおそらく最善の経路でしょう。ただし、霧のせいで車の流れが通常よりも悪くなっています。市の反対側から中心部へ向かう場合、幹線道路8号線でも今朝大きな事故がありましたが、警察によると、現在、交通は正常化しているとのことです。とはいえ、霧がいくぶんか残っているので、経路を問わずどうか慎重に運転してください。

重要語句　☐ stall traffic（⑱ 交通を渋滞させる）

Which route should you take?

1 The 301 Expressway.
2 Jarvis Street.
③ The Bywater Bridge.
4 Highway 8.

あなたはどの経路を選ぶべきか。

1 高速道路301号線。
2 ジャービス通り。
3 バイウォーター橋。
4 幹線道路8号線。

解説▶交通情報を聞いて自分がどの道を通るべきか判断する問題。第3〜4文で，ランベスから市内へ向かう場合，「バイウォーター橋経由がおそらく**最善の経路**」であると説明されているので，**3**が正解。第2文より，高速道路301号線は，事故後の処理がまだ終わっておらず通行できないので，**1**は誤り。また，第4文より，ジャービス通りは建設工事のため最大で45分の遅れが出ていることがわかるので，**2**は誤り。**4**はランベスからではなく，市の反対側から市内へ向かう経路のことなので誤り。

Lesson
14

□（**3**）　スクリプト／和訳

> Situation: You are visiting a garden center to buy flowers for a very shady spot in your garden. You are only able to work in the garden occasionally.

Yarrow is a beautiful white flower that's on special for 30 percent off this week. It tolerates full sun to partial shade but wouldn't do well otherwise. We also have these beautiful lilies, a personal favorite of mine. They require frequent watering and don't tolerate bright sunlight, but they're spectacular in your garden and will continue to bloom year after year. Another popular choice is impatiens. They thrive in the shade, and you don't have to worry about pests or other problems, so they're quite low maintenance. One other flower I'd like to show you is these petunias. They're stunning but also require a lot of attention. They can grow in slightly shady areas but will have fewer blossoms.

> 状況：あなたは園芸用品店に来ており，庭のほとんど日が当たらない場所に植える花を買うつもりです。あなたは，時折にしか庭仕事ができません。

ノコギリソウは美しい白い花を咲かせます。今週は特別価格で 30 パーセント引きです。十分に日の当たる場所でも多少の日陰でも耐性がありますが，それ以外の場所ではうまく育たないでしょう。当店ではこのような綺麗なユリも取り扱っています。ユリは私が個人的に一番好きな花です。ユリは頻繁に水やりをする必要があり，強い日差しには耐えられません。しかし，庭でとても目立つうえに，毎年花が咲き続けます。もう 1 つ，人気な花はホウセンカです。日陰でよく育ち，害虫をはじめとする問題を心配する必要がないので，ほとんど手がかかりません。さらに 1 つご紹介したいのが，ここにあるペチュニアです。この花はとても綺麗ですが，それだけ手もかかります。多少の日陰でも育ちますが，花の数が少なくなるでしょう。

Which type of flowers should you get?

1　Yarrow.

2　Lilies.

③　Impatiens.

4　Petunias.

あなたはどの種類の花を買うべきか。

1　ノコギリソウ。

2　ユリ。

3　ホウセンカ。

4　ペチュニア。

解説▶ 4 種類の花の説明を聞き，自分の条件に合ったものを選ぶ問題。第 5 ～ 6 文より，**ホウセ**
ンカは日陰でよく育ち，害虫などの問題を心配する必要がないため，時折にしか庭仕事ができな
いという条件に合うことがわかる。したがって **3** が正解。ほかの種類は，ほとんど日が当たらな
いような場所ではうまく育たないことや，頻繁に手入れをする必要があることが説明されている
ので，**1**，**2**，**4** は誤り。なお，ここでは英語の植物の名称がそれぞれ日本語の何に当たるかを
知らなくても，設問には解答できる。

Lesson
14

☐ (4)　スクリプト / 和訳

Situation: You are the assistant manager of a printing company. You get the following call from the manager. You have a meeting with an ink supplier at 3 o'clock.

We have a bit of a situation here. General Snack Foods is furious about the printing error on their cereal boxes, and someone has to go and straighten things out with them. They're a very important customer, and I'd handle it myself if I didn't need to get the factory organized for a visit from the head office. You're expecting the ink company representatives this afternoon, right? I believe Yannick has been attending all the meetings with them, so I'm fairly certain that he could handle that on your behalf. Also, General Snack Foods wants to get to the bottom of why it happened, so make sure to get as many details from Fran about the circumstances that led up to the mistake before you go to see them.

状況：あなたは印刷会社の副部長です。あなたに部長から次のような電話がかかってきました。あなたは，インク供給会社と 3 時から会議を行います。

少々困ったことになっているんだ。ゼネラル・スナック・フーズ社が，例のシリアルの箱の印刷ミスに激怒しているから，誰かが先方へ出向いて彼らとともに問題を解決しなければならない。この会社はとても大事な顧客だから，私が自分で対応すべきところなのだが，本社からの視察を迎え入れられるように工場の準備を整えなければならないんだ。君は今日の午後，インク会社の代表たちと会う予定よね。確かヤニックはこれまで毎回彼らとの会議に出席しているはずだから，きっと彼なら君の代わりに会議を取り仕切れるはずだよ。それから，ゼネラル・スナック・フーズ社が事故の原因の真相を知りたがっているから，必ずフランから，ミスに至った状況の詳細を聞き出したうえで，同社へ出向いてもらいたい。

重要語句　☐ straighten ～ out (⊗ ～を解決する，取り除く)
　　　　　☐ get to the bottom of ～ (⊗ ～の真相を探る)

216

What should you do?	あなたは何をするべきか。
(1) Go to General Snack Foods yourself.	**1** ゼネラル・スナック・フーズ社へ自ら足を運ぶ。
2 Take care of things at the factory for your boss.	**2** 上司に代わって工場で対応を行う。
3 Change the time of the meeting with the ink company.	**3** インク会社との会議の時間を変更する。
4 Ask Yannick to find out why the error was made.	**4** ヤニックに頼み，なぜ誤りが生じたのかを明らかにする。

解説▶ 部長からの電話を聞いて，自分が次に何をするべきかを判断する問題。第4〜5文より，3時からのインク会社との会議はヤニックに代わりに取り仕切ってもらえると（部長に）言われていることがわかる。さらに最後の文で，フランからミスに至った状況の詳細を聞き出したうえで出向くよう指示されている。これらをまとめると，**あなたはインク供給会社との会議を欠席して，ゼネラル・スナック・フーズ社へ出向かなければならない**ことがわかる。したがって **1** が正解。ミスが起きた状況を聞く相手はフランなので，**4** は誤り。ほかの選択肢は説明されていないので誤り。

Lesson

14

□**(5)** スクリプト / 和訳

Situation: You are an assistant manager and are hoping for a promotion within the next year. You are willing to move to another branch but do not want to leave the city. Your supervisor is giving you advice.

As you know, the promotion opportunities in this office are pretty much nil. If you're willing to relocate, I've heard there's an opening for a manager with an accounting background in the Riverdale Branch. That would be perfect for you as long as you don't mind being out of state. Here in Parkton, the East Side branch needs someone immediately, but the competition for advancement is fierce there. It's not unusual for people to wait three or four years to get a position that carries more responsibility. Confidentially, I've heard through the grapevine that Jack Murphy, the manager at the Ilderton office across town, is going to resign in about 10 months. He manages the personnel department, and I could transfer you temporarily to the personnel section of our office. That would let you get the experience you'd need to replace him. I could then recommend you for the position when he leaves.

状況：あなたは副部長で，来年中に昇進したいと思っています。あなたは別の営業所への異動を希望していますが，市外へ出たくはありません。上司があなたに助言しています。

知ってのとおり，この職場では昇進の機会がほとんどないに等しい。もし君が転勤を希望するのであれば，リバーデール支店の，経理経験のある部長職に 1 つ空きがあるそうだ。君にはぴったりだろう，ただし州から出ても構わなければの話だが。ここパークトンでは，イースト・サイド支店ですぐに人員が必要だが，あそこの昇進競争は苛烈だよ。3，4 年待ってようやくもっと責任のある職位になる，などというのも珍しいことではない。ここだけの話だが，私が人づてに聞いたところでは，ジャック・マーフィーという，市の向こう側にあるイルダートン営業所の部長が，約 10 ヵ月後に辞職するそうだ。彼は人事部長で，私なら君を一時的にうちの営業所の人事部に異動させることができるかもしれない。そうすれば君は，彼 [マーフィー] の後任になるために必要となる経験を積めるだろう。そのうえで，彼が辞職するときに君をその職位に推薦してもよい。

重要語句　□ nil（⑧ 無，皆無）　□ confidentially（⑩ 内密で，内緒で）　□ grapevine（⑧ 噂話）

What should you do?

1　Wait for a job to open up in the East Side branch.

②　Transfer to the personnel section in your current office.

3　Apply for the position in the Riverdale Branch.

4　Contact Jack Murphy about replacing him.

あなたは何をするべきか。

1　イースト・サイド支店で職位が空くのを待つ。

2　自分が今いる営業所の人事部へ異動する。

3　リバーデール支店の求人に応募する。

4　ジャック・マーフィーに連絡を取り，彼の後任になることについて話す。

解説▶上司の助言を聞いて，自分が次に何をするべきかを判断する問題。最後の 3 文によると，市内のイルダートン営業所の人事部長の後任に就けるように，上司はあなたを一時的に**今の営業所の人事部に異動させて経験を積ませ**，その後に**推薦する**と説明している。この方法であれば，「**来年中に昇進する**」，「**市外へ出ない**」という条件を満たすと考えられる。したがって **2** が正解。イースト・サイド支店では昇進に 3 〜 4 年を要する可能性があり，またリバーデール支店は州を出る必要があるため，条件に合わない。よって **1**，**3** は誤り。**4** は説明されていないので誤り。

Lesson
14

□**(6)**　スクリプト / 和訳

> Situation: You need a baby monitor. You want to be able to check on your daughter visually when you are out in the yard, but you are very concerned about privacy. A friend is giving you advice.

We have a top-of-the-line monitor called the Baby View Plus. We can see our little girl in high resolution, and it has Wi-Fi, so my husband can even check up on her when he's at work. I hope no one ever finds out his password, though. There's another one called Angel Watch that's more secure and has excellent video, but we passed on it because of its limited wireless range of just a few meters. The Baby Tech 5 is an excellent audio monitor with a good range, and the signal is encrypted. Another option is Hello Baby. It has a reputation as being impossible to hack and offers high-resolution images. They say it has a good range, too, but it's a bit pricy. The cheapest model is $360.

> 状況：あなたは赤ちゃんの監視モニターを必要としています。庭に出ているときに自分の娘を視覚的に確認できるようにしたいのですが，プライバシーについてとても懸念しています。友達があなたに助言しています。

うちにはベイビー・ビュー・プラスという最上位機種のモニターがあるの。うちの小さな娘の様子を高解像度で見られるし，Wi-Fi 機能が付いているから，夫が職場で娘の様子を確認することもできるの。もっとも，誰かが彼のパスワードを盗んだりしなければいいんだけどね。もう 1 つ，エンジェル・ウォッチというものがあるの。それの方が安全性が高くて，しかも高画質なんだけど，うちではやめておいたわ。だって，ワイヤレス通信範囲がほんの数メートルに限定されているんだもの。ベイビー・テック 5 というのは集音範囲が広いすぐれた集音装置で，それに信号が暗号化されるの。もう 1 つの選択肢がハロー・ベイビーね。ハッキングが不可能だと評判で，高解像度の映像を見られるのよ。(ワイヤレス) 通信範囲も広いという話だけど，少し値段が高いわ。一番安いモデルで 360 ドルよ。

重要語句　□ high resolution（名 高解像度）　□ pass on ～（動 ～をやめておく）
　　　　　□ encrypt（動 ～を暗号化する）　□ hack（動 不正に侵入する）

Which monitor should you buy?

1 The Baby View Plus.

2 The Angel Watch.

3 The Baby Tech 5.

4 The Hello Baby. （◯4）

あなたはどのモニターを買うべきか。

1 ベイビー・ビュー・プラス。

2 エンジェル・ウォッチ。

3 ベイビー・テック5。

4 ハロー・ベイビー。

解説 ▶各商品の特徴を聞いて，自分の条件に合ったものを選ぶ問題。第6～8文より，ハロー・ベイビーは**ハッキングが不可能**で，**ワイヤレス通信の範囲も広く高解像度の映像を見ることができる**と説明されている。このモニターであれば，「庭から子供を視覚的に確認できる」，「プライバシーに関する懸念（の払拭）」という条件を満たすと考えられるので，**4** が正解。**1** のベイビー・ビュー・プラスは，第3文より，パスワードが盗まれる可能性があることがわかるので誤り。**2** のエンジェル・ウォッチは，第4文より，ワイヤレス通信範囲が狭いことから，庭と部屋をつないで見ることができないと考えられるので誤り。**3** のベイビー・テック5は，集音がすぐれていることや暗号化に関しては説明されているが，映像面については言及されておらず，「視覚的に確認できる」という条件に合うか判断できない。したがって **3** は誤り。

Lesson 14
解答・解説
Answers & Explanations

青文字＝放送される英文（スクリプト）　赤文字＝正解・語義

☐ **(7)** スクリプト / 和訳

> Situation: You want to increase your home's value as much as possible before selling it. Your budget is $2,500, and you can do simple home improvement projects yourself. A real estate agent is giving you advice.

You mentioned the idea of purchasing new kitchen appliances for about $2,000, but since yours are still relatively up-to-date, it might not have a big impact. What I'd really suggest is adding living space. The only difference between a study and a bedroom is storage space, and you could add a new closet, get some drywall repairs done, and wallpaper it for just $3,000 or so. You could shave six or seven hundred dollars off that if you're handy enough to take care of the wallpapering and drywall yourself. That would turn your three-bedroom house into a four-bedroom. A third bathroom would also greatly improve your home's value, but it would likely run you at least double your budget. You also mentioned doing some landscaping. A new set of steps and replacing the bushes would be about $1,800, but recent surveys show that interior renovations have a lot more bang for the buck.

> 状況：あなたは資産価値をできるだけ高めたうえで自宅を売却したいと思っています。あなたの予算は 2,500 ドルで，家の簡単な改修工事なら自分でできます。不動産業者があなたに助言しています。

約 2,000 ドルで新しいキッチン設備を購入するお考えだとおっしゃっていましたが，お宅のものはまだ，比較的最新式なので，買い替えても大きな効果は得られないかもしれません。私が強くおすすめしたいのは，居住スペースを増やすことです。書斎と寝室の唯一の違いは収納スペースにあります。新しいクローゼットを加え，乾式壁を修復して，そこに壁紙を貼っても，ちょうど 3,000 ドルほどで収まるでしょう。もしご自分で器用に壁紙と乾式壁の作業を手掛けられるのであれば，600 から 700 ドル削ることも可能でしょう。そうすることで，現状の寝室 3 つの家を寝室 4 つに変えることができます。3 つ目の浴室を増設することでも，家の価値は大きく上がるでしょうが，その場合にはおそらく少なくとも倍の予算がかかるでしょう。また，造園をする話も出ていましたね。新しい階段一式を設け，低木を植え換えると，およそ 1,800 ドルかかるでしょうが，最近の調査によると，屋内を改修した方が出費に見合うだけの価値がもっとたくさんあります。

重要語句 □ landscaping（⊘ 造園）　□ double one's budget（熟 倍の予算に）
　　　　　□ bang for the buck（熟 出費に見合うだけの価値）

What should you do?	あなたは何をするべきか。
1　Purchase new kitchen appliances.	**1**　新しいキッチン設備を購入する。
②　Turn the study into a bedroom.	**2**　書斎を寝室に変える。
3　Add a third bathroom.	**3**　3つ目の浴室を加える。
4　Have landscaping work done.	**4**　造園（作業）をしてもらう。

解説▶不動産業者からの助言を聞いて，自分が何をするべきかを判断する問題。第4〜6文の内容を根拠に考える。第2文より，不動産業者は家の価値を高めるために**居住スペースを追加する**ことを提案している。その具体的な方法として，第3文と第5文より，**書斎を改修して寝室を1つ増やすように推奨している**とわかる。また，あなたの予算は2,500ドルで，不動産業者によるとこれらの作業は3,000ドルかかると言われているが，第4文より，**あなたは自力で改修作業ができるので，費用を削減して予算以内に収められる**ことになる。したがって，「家の価値をできるだけ高める」，「予算は2,500ドル」という条件に合致する**2**が正解。**1**は，第1文で，もとから設置されているキッチン設備と新しいものには大差がないと述べられているので誤り。**3**は，第6文で，最低でも倍の予算が必要だと述べられているので誤り。**4**は最後の文で，造園よりも屋内の改修の方が出費に見合うと述べられているので誤り。

Lesson
14

□（**8**）　スクリプト / 和訳

Situation: You are a software developer. Your supervisor is explaining the results of play testing of the new game you are working on. Adding totally new content will take at least four months.

Overall, the feedback was positive. The ratings for graphics and sound were off the charts, although there were a few more bugs and crashes than we anticipated. We should be able to fix those in plenty of time for the release date three months from now. One major concern was the game's lack of depth, however. It's crucial that we start developing several new levels ASAP. We won't have time to get them in by the release date, but we can put them out as free or paid add-ons in the month following. You're going to have to immediately allocate some of your team to that work. We don't have room in the budget for additional developers, but we can afford some overtime pay. The graphics designers are going to be especially important in getting the new content ready, so I want you to schedule a meeting with them tomorrow morning.

状況：あなたはソフトウェアの開発者です。上司が，あなたの手掛けている新しいゲームの動作テストの結果を説明しています。全く新しいコンテンツを加えるには，最低４ヵ月かかります。

全体的に，得られた意見は前向きなものだったよ。画像と音声の評価は抜群だった。ただし，予想したよりもバグやクラッシュが少し多かったけどね。発売日は３ヵ月後でたっぷり時間があるから，そうした問題は解決できるはずだよ。とはいえ，１つ大きな懸念事項として，ゲームに深みが足りないことが挙げられたんだ。そこで何といっても重要なのは，できるだけ早く，いくつかの新たなレベルの開発に取り掛かることね。発売日までに組み込む時間はないだろうけど，その翌月に無料か有料の拡張機能として公開することはできる。すぐに君のチームの数名をその業務に割り当ててもらいたい。追加で開発者を雇う予算の余裕はないが，時間外手当を捻出することならできる。グラフィックデザイナーたちに特に中心となって新たなコンテンツを準備してもらうことになるだろうから，明朝に彼らとの打ち合わせを設定してもらいたい。

重要語句　□ off the charts（熟 抜群の）　□ ASAP ＝ as soon as possible（熟 できるだけ早く）
　　　　　□ allocate（動 ～を割り当てる）

What should you prioritize?

1 Fixing the technical problems.
② Adding additional content.
3 Hiring additional staff.
4 Improving the game's graphics.

あなたは何を優先するべきか。

1 技術的な問題を解決する。
2 新たなコンテンツを追加する。
3 追加のスタッフを雇う。
4 ゲームの画像を改善する。

解説▶上司からの説明を受け，自分が次に何をするべきかを判断する問題。第4～6文で，優先的に着手すべきことの指示が述べられている。ゲームに深みを出すために，できるだけ早く，新たなレベルの開発に取り掛かるように言っている。条件では，新しいコンテンツの追加には最低4ヵ月かかるが，上司は発売日の翌月に拡張機能として公開できるようにすると述べている。これらの情報から，**2**が正解だと判断できる。第2～3文より，バグなどの技術的な問題は発売日までの期間で十分対処だと言われているうえ，それ以降の文で「できるだけ早く」取り組むべきことが挙げられているので，**1**を優先すべきだとは考えにくい。よって**1**は誤り。第8文より，追加のスタッフを雇うことは費用の面で難しいとわかるので**3**は誤り。第2文より，ゲームの画像自体の評価は良い評価が得られているので**4**は誤り。

Lesson
14

Lesson 14
解答・解説
Answers & Explanations

□ **(9)** スクリプト / 和訳

> Situation: You are talking to your professor about your undergraduate thesis. You need an A in order to receive a scholarship at graduate school next year but do not have time to change your topic because you are busy with your part-time job.

You have an interesting take on Herman Melville, and I liked that you focused on some of his lesser-known works instead of *Moby-Dick*. As it stands, it's worth somewhere in the C– to C+ range, and you could bring it up by a full grade if you adequately reflect my comments in your next draft. To get any higher than that, however, you'll have to bring in a new source. I notice that you didn't mention *Bartleby, the Scrivener* much, which could be a thought-provoking contrast to the points you made about *Billy Budd*. Alternatively, you could try to take it in an entirely new direction and write about something like *Israel Potter*.

> 状況：あなたは自分の指導教授と大学の卒業論文について話しています。来年，大学院で奨学金を受けるためには A（の成績）を取る必要がありますが，あなたは自分のアルバイトで忙しいため，論文のテーマを変更する時間はありません。

あなたのハーマン・メルヴィルへの考察は興味深いね。それに，あなたが『白鯨』ではなく，彼のあまり知られていないいくつかの作品に注目したところは気に入ったよ。今のところ，これだとCマイナスからCプラスの間の評価で，もし次の草稿で私の指摘をしっかり反映すれば，もう1段階成績を上げることができるだろう。でも，それ以上に成績を上げるには，新たな出典を持ち込まなければならないだろうね。見たところ，あなたは『代書人バートルビー』について，あまり触れていないね。これを引き合いに出せば，あなたが『ビリー・バッド』について挙げた要点との考えさせられるような対比を作れるだろうね。あるいは，全く新しい方向付けをして，『イスラエル・ポッター』のようなものについて書いてみるのはどうだろうか。

What should you do?

1   Add more information about *Moby-Dick*.

2   Improve the section on *Billy Budd*.

③   Follow his advice concerning *Bartleby, the Scrivener*.

4   Write about *Israel Potter*.

あなたは何をするべきか。

1 『白鯨』についてさらに情報を加える。

2 『ビリー・バッド』に関する節を改善する。

3 『代書人バートルビー』についての彼の助言に従う。

4 『イスラエル・ポッター』について書く。

解説 ▶ 教授からの意見を聞いて，自分が次に何をするべきかを判断する問題。条件ではＡの成績を取らなければならないが，第2文より，現状での成績見込みはＣで，新たな出典を加えて論文のテーマを掘り下げなければせいぜい「もう1段階」，つまりＢまでしか上げられないことがわかる。続く第3～4文で，**それ以上に成績を上げるには，新しく『代書人バートルビー』を引き合いに出せば，論文を発展させられるだろう**という意見が述べられているので，**3**が正解。ほかの選択肢は説明されていないので誤り。なお，ここではそれぞれの作品の日本語名を知らなくても，この設問には解答できる。

Lesson

14

Lesson 14
解答・解説
Answers & Explanations

青文字＝放送される英文（スクリプト）　赤文字＝正解・語義

□（**10**）スクリプト／和訳

Situation: You are shopping for furniture. You want to buy a sofa and a coffee table at the lowest cost. A sofa costs $1,200 and a coffee table costs $400. A salesperson is explaining payment options.

If you're paying in cash, you'll receive a 5 percent discount. We also have a new store credit card that you could sign up for. It offers instant approval and would entitle you to a 10 percent discount on your first purchase, and then 8 percent on future purchases. There's a table by the entrance where you can apply. If you're going to be purchasing more than one item and the first costs more than $1,000, you'll receive a coupon that entitles you to 50 percent off any purchase over $100. You need to wait 24 hours, and it only applies to items bought in store, not online. You could come back tomorrow and get the second item for a huge saving. We're also having an online sale event, but it doesn't apply to the sofas. You could save 20 percent off on the coffee table, though.

状況：あなたは家具を買おうとしています。あなたは最安値でソファーとコーヒーテーブルを購入したいと思っています。ソファーは 1,200 ドル，コーヒーテーブルは 400 ドルです。店員が可能な支払い方法を説明しています。

もし現金でお支払いいただけるなら，5 パーセントの割引を受けられます。新しい当店用クレジットカードもあり，これにお申し込みいただくことも可能です。即時に承認が下りますし，初回のお買い物については 10 パーセント，その後のお買い物については 8 パーセントの割引が受けられます。入り口のそばにカウンターがありますので，そちらでお申し込みいただけます。もし 2 点以上の商品をお求めになるご予定で，1 点目が 1,000 ドルを超える場合にはクーポンをお受け取りいただき，100 ドルを超える商品がすべて 50 パーセント引きになります。これには 24 時間お待ちいただく必要があり，また店舗でお買い求めいただいた商品にのみ適用されます。インターネットでのご購入品は対象外です。明日，再度ご来店いただいて，2 点目の商品を大変お安くご購入いただけるというわけです。オンラインで特売イベントも開催しておりますが，ソファーは対象外です。ただし，コーヒーテーブルは 20 パーセント引きでご提供可能です。

What should you do first?

1　Purchase the sofa for cash.

②　Apply for a credit card.

3　Use your credit card to buy the coffee table.

4　Purchase the coffee table online.

あなたは最初に何をするべきか。

1　現金でソファーを購入する。

2　クレジットカードを申し込む。

3　自分のクレジットカードを使ってコーヒーテーブルを買う。

4　コーヒーテーブルをインターネットで購入する。

解説▶店員の説明を聞いて支払い方法を判断する問題。最安値にするためには，この店専用のクレジットカードに申し込み，クレジットカードの利用による割引を受け，さらにクーポンを使用すればよい。具体的には，まずソファーを 1,200 ドルの 10 パーセント引きで 1,080 ドルで購入し，クーポンを入手する。次の日以降にクーポンを使用してコーヒーテーブルを購入すれば，400 ドルの 50 パーセント引きで 200 ドル，さらにクレジットカードの 8 パーセント引きで 184 ドルになる。合計で 1,264 ドルとなるので，これが最安値となる。よって **2** が正解。現金でソファーを購入しても最安値とはならないので，**1** は誤り。自分のクレジットカードを使った購入方法は説明されていないので，**3** は誤り。また，オンラインでコーヒーテーブルを購入すると 20 パーセント引きになるため 320 ドルになるが，ソファーは店舗で購入しなければならず，最安値にはならない。よって **4** は誤り。

Lesson
14

SCORE	CHECK YOUR LEVEL
╱50点 （10問×各5点）	0〜20点 ➡ *Work harder!* 25〜35点 ➡ *OK!* 40〜50点 ➡ *Way to go!*

◀)) 音声 ▶**L&R_LV6_15-Q**

🕐 所要時間 ▶ **23** 分

☑ 目標得点 ▶ **40** /50点

DATE

▶対話を聞き，その直後にある質問に対して最も適切なものを **1**，**2**，**3**，**4** の中から1つ選びなさい。

[A] **(1)**　**1**　The final price is more favorable for them.
　　　　　　　2　It often angers the person they are trying to make a deal with.
　　　　　　　3　The other person's bargaining position is strengthened.
　　　　　　　4　They have less anxiety about the outcome of the negotiation.

　　　　(2)　**1**　Using a high-priced item to make others seem cheaper.
　　　　　　　2　Using positive language to describe high-priced items.
　　　　　　　3　Viewing luxury goods as being worth more than they really are.
　　　　　　　4　Being willing to repair things that were bought for a higher price.

[B] **(1)**　**1**　The workers her mother hired did not do a good job.
　　　　　　　2　There were few senior care services in Chicago.
　　　　　　　3　There is a growing shortage of senior support workers.
　　　　　　　4　The number of assisted-living facilities is increasing.

　　　　(2)　**1**　All of its staff members have professional qualifications.
　　　　　　　2　The staff focus on building relationships with the clients.
　　　　　　　3　Its training is superior to that of other companies.
　　　　　　　4　It supports people both in their own homes and in senior centers.

[C] **(1)**　**1**　When he is able to exceed his job targets.
　　　　　　　2　When companies thank him for finding good recruits.
　　　　　　　3　When people he recruited have a positive impact on their company.
　　　　　　　4　When he finds someone he thinks has a lot of potential.

(2) **1** He helps them to improve their Japanese abilities.

  2 He explains the reasons that certain questions are asked.

  3 He coaches them on which skills they should emphasize.

  4 He shows them how to appeal to multiple interviewers.

[**D**] (1) **1** When she is able to solve problems the clients are not aware of.

  2 When she and the client have the same vision for the design.

  3 When her designs affect people's personal relationships.

  4 When she is able to fulfill clients' special requests.

(2) **1** She is less fond of minimalist designs.

  2 She prefers to use state-of-the-art materials.

  3 She now favors natural designs and colors.

  4 She adds more blacks, whites, and greys to her designs.

Lesson

15

[**E**] (1) **1** He knew what made players want to keep playing games.

  2 He was an expert at fixing bugs in games.

  3 He knew how to produce games more cheaply.

  4 He had worked for some of his competitors.

(2) **1** They are flexible about changing their games.

  2 They can explain the concepts behind their games well.

  3 They know what kind of games investors want.

  4 They are able to get along with anyone.

Answers & Explanations ☞

LISTENING

Lesson 15
解答・解説
Answers & Explanations

青文字＝放送される英文（スクリプト）　赤文字＝正解・語義

▨▨▨＝ナレーター　　▨▨▨＝男性　　▨▨▨＝女性

□ [A] スクリプト / 和訳

| This is an interview with Jared Cochrane, who is a psychology researcher at East Glen University in Montana. | これはモンタナ州のイースト・グレン大学の心理学研究者であるジャレド・コクランとのインタビューです。 |

| Welcome to the studio, Jared. | ようこそスタジオへ，ジャレドさん。 |

| Thanks. Great to be here. | ありがとう。お招きいただき光栄です。 |

| So, I understand that you've been researching the psychology of negotiations. Could you tell us a little bit about that? | さて，あなたは交渉の心理学を研究していらっしゃいますね。それについて，少しお話しいただけますか？ |

| Sure. Currently, my main area of interest is the conventional wisdom that one should never make the first offer in a price negotiation. It's something that's been taught in every course on negotiation for years. You've probably heard that it weakens your bargaining position by revealing how much you're willing to spend or what price you're willing to accept for the thing that you're negotiating over. | もちろんです。現在，私の主な関心領域は，あの社会通念，すなわち価格交渉をするときに決して自分から先に価格を提示すべきではない，という常識です。これは交渉に関するあらゆる講座で何年にもわたって指導されてきていることです。あなたもおそらく聞いたことがあるでしょうね，自分がいくら費やしたいのか，あるいは交渉しようとしているものについてどの程度の価格なら受け入れるつもりなのかを明かしてしまうと，交渉における立場が弱くなるということを。 |

| That's what I've been told. So, what did your research say about it? | そのことは聞いたことがあります。それで，あなたの研究から何がわかりましたか？ |

| In our experiment, we had graduate students do a simple price negotiation, and we recorded who made the first offer, the amount, and the final price, that sort of thing. Then, we interviewed them about how they felt during the negotiation and also about their impression of the outcome. | 私たちの実験では，大学院生たちに簡単な価格交渉をさせました。そして，誰が最初に価格を提示したか，その金額はいくらか，妥結した額はいくらだったか，といったことを記録しました。そのあと，学生たちと面談して，交渉中にどう感じたか，さらに交渉結果についてどんな印象をもったかを尋ねました。 |

232

And people who avoided making the first offer said they felt less anxious and tended to be more satisfied with the outcome.

すると，自分が先に価格提示しなかった人たちは，あまり不安を感じることはなかったと言い，より交渉結果に満足する傾向にありました。

So, that would indicate that the conventional wisdom is true?

つまり，従来の見識どおりのことを示しているということでしょうか？

Not necessarily. When we analyzed the data, there wasn't always a correlation between the subjects' impressions of the negotiations and how they did in purely economic terms. People seem to be afraid that the amount they name will be way off and they'll end up paying a ridiculous price or that they'll alienate the other person when they make the first offer. But what we actually found was that throwing out the first figure was a big advantage. The sellers tended to get more and the buyers paid less. So, it seems that a person's emotions can actually get in the way of their being an effective negotiator, even causing them to forget something that seems to help give people the upper hand in negotiations. It turns out that alienating the other person happened a lot less frequently than people thought, and then by having named the first figure, it gave them a big advantage.

そうとは言い切れません。データを分析したところ，被験者が交渉から受けた印象と，純粋に金額面での交渉結果との間には，必ずしも相関関係があるわけではなかったんです。どうやら皆，怖がっているようなのです。自分の提示する金額がまるっきり的外れなもので，結果的に途方もない額を支払うはめに陥るのではないか，あるいは，自分が先に金額を提示すると相手を遠ざけてしまうのでないか，という具合に。ところが，実際にわかったのは，先に金額を口にすると非常に有利だということなのです。売り手ならより高く売り，買い手ならより安く買う傾向がありました。つまり，どうやら人は感情によって，実はうまくいきそうな交渉が妨げられたり，場合によっては交渉で優位に立てそうな状況を忘れてしまうことさえあるようなのです。わかったことは，交渉相手を遠ざけるような状況は思ったほど頻繁には起きず，そして先に金額を提示したことが大変有利に働いた，ということです。

Lesson 15

Why do you think that is?

なぜそうなるとお考えですか？

It's known as the anchoring effect. There's a psychological tendency for people to focus on the first piece of information they receive. For example, restaurants often put an extremely pricey item on the menu that they don't expect many people to order. This makes their patrons feel like they're getting a bargain on the other items.

いわゆるアンカリング効果ですね。人は，心理学的な傾向として，自分が最初に受け取った情報にこだわってしまうのです。例えば，レストランでよく，極端に高い料理をメニューに載せています。店側は，そのような料理を多くの人が注文するとは思っていません。狙いは，客にそれとは別の料理を頼ませ，得をしたような気分を抱かせることにあります。

And we found that the anchoring effect was definitely in play in the negotiations between our students in the experiment that we ran. It sets the stage for the whole negotiation, and the final price they agreed on tended to be closer to the one that they had set initially.

そして，このアンカリング効果が，私たちの実験中，学生同士の交渉の中で間違いなく作用したのです。それが交渉全体の土台をつくり，最終的に妥結した価格は学生たちが最初に設定した額に近づく傾向がありました。

That's fascinating. Is there a mechanism for that?

それはすごいですね。それには何かメカニズムがあるのですか？

Well, we think if someone names a higher price initially, it causes both of the parties to focus on the positives. Meanwhile, a low price tends to draw the focus toward the downsides. Take the example of a house purchase. If you see a high price on a new house, you're more likely to notice things that support it. You'll probably notice luxurious features or attractive landscaping or benefits of the location. But for a below-market-price home, you might focus on how many repairs it needs or shabby looking homes in the vicinity.

ええ，私たちはこう考えています。もし最初に高めの価格が提示されると，当事者はどちらも，その値が付けられたものの利点に目を向けます。一方，低い価格が提示されると，そのものの欠点の方に目が向けられやすくなるのです。住宅の購入を例に取りましょう。もし新築の家に高値が付いているのを見たら，人はその高値の根拠となる側面により注目します。ぜいたくな特徴や魅力的な造園，立地の良さにおそらく注目したくなるでしょう。ところが，市場価格を下回る値付けの家については，どの程度修理が必要かということや，近隣にみすぼらしい家が並んでいることに目が向いてしまうかもしれません。

Very interesting. Well, thank you so much for sharing this with us today, Jared.

非常に面白いですね。さて，今日はこのようなお話を聞かせてくださり，ありがとうございました，ジャレドさん。

It's been my pleasure.

どういたしまして。

重要語句 ☐ conventional wisdom（⑧ 社会通念） ☐ bargaining position（⑧ 交渉時の立場）
☐ impression（⑧ 印象） ☐ correlation（⑧ 相関関係） ☐ name（⑩ ～を指定する）
☐ way off（⑱ 的外れで，大きく外れて） ☐ alienate（⑩ ～を遠ざける）
☐ negotiator（⑧ 交渉者） ☐ throw out ～（⑱ ～をそれとなく口にする）
☐ get in the way of ～（⑱ ～の邪魔になる） ☐ give O the upper hand（⑱ O を優位に立たせる）
☐ set the stage for ～（⑱ ～の土台をつくる） ☐ shabby（⑱ みすぼらしい，粗末な）
☐ vicinity（⑧ 近所）

□(1)　スクリプト / 和訳

What does Jared Cochrane say tends to happen when people make the first offer in a negotiation?

1 The final price is more favorable for them.
2 It often angers the person they are trying to make a deal with.
3 The other person's bargaining position is strengthened.
4 They have less anxiety about the outcome of the negotiation.

ジャレド・コクランは，交渉で先に金額を提示すると，どうなる傾向があると言っているか。

1 最終的な価格が，当事者にとってより好ましいものになる。
2 交渉相手を怒らせてしまうことがよくある。
3 交渉相手の側の立場が強くなる。
4 交渉結果に対する不安が少なくなる。

解説▶ジャレドの4回目の発言の第4～5文より，**交渉で先に金額を提示すると，自分が売り手ならばより高く売ることができ，自分が買い手ならばより安く買うことができる傾向があるため，有利になる**と説明されている。このことを端的に言い換えた**1**が正解。ほかの選択肢は説明されていないので誤り。

□(2)　スクリプト / 和訳

Which of the following is an example of the anchoring effect?

1 Using a high-priced item to make others seem cheaper.
2 Using positive language to describe high-priced items.
3 Viewing luxury goods as being worth more than they really are.
4 Being willing to repair things that were bought for a higher price.

アンカリング効果の例は次のうちどれか。

1 高価格の商品を使って，他の商品をより安く見せること。
2 前向きな言葉を使って，高価格の商品を説明すること。
3 ぜいたく品を，実際よりも価値があるかのように見なすこと。
4 より高値で購入された商品の方を修理したくなること。

Lesson
15

解説▶ジャレドの5回目の発言によると，**アンカリング効果は自分が最初に受け取った情報にこだわってしまう心理的傾向**のことであるとわかる。ジャレドの5回目の発言の第3～4文で，アンカリング効果をレストランで活用した場合の例が挙げられており，**高額な料理をあえてメニューに載せておくことで，客に得をしたと感じさせる効果がある**と説明している。このことを一般化して述べている**1**が正解。ほかの選択肢は説明されていないので誤り。

Lesson 15
解答・解説
Answers & Explanations

☐ [B] スクリプト / 和訳

This is an interview with Alesha Singh, the founder of a care service for seniors.	これは高齢者介護サービス会社の創設者であるアリーシャ・シンとのインタビューです。

Welcome to *The Entrepreneur Show*. I'm your host David Freemont, and my guest today is Alesha Singh, founder of the highly successful senior care service Seniors Helping Seniors. Thanks for being here today, Alesha.	『起業者ショー』にようこそ。私は司会のデービッド・フリーモント，そして今日のゲストは大きな成功を収めている高齢者介護サービス，「シニアズ・ヘルピング・シニアズ」の創設者のアリーシャ・シンさんです。今日はお越しいただき，ありがとうございます，アリーシャさん。

Thanks. Great to be here, David.	ありがとうございます。お招きいただき光栄です，デービッドさん。

To start off, please give us a brief overview of your business.	はじめに，事業の簡単な紹介をお願いします。

As you said, it's called Seniors Helping Seniors, and the idea is that senior citizens who are living by themselves often need support with things like cooking meals, shopping, and housework. And I had the idea that the best people to provide this kind of help were those who are in the same age range as the clients themselves because they can better identify with what the clients are going through. Also, they're just likely to have more in common with the clients because there isn't that generation gap that you often get with older clients and younger care providers. We started in Chicago, and we now have branches in 11 different cities throughout the northeast. And we're expanding all the time.	あなたがおっしゃったとおり，会社は「シニアズ・ヘルピング・シニアズ」といいまして，次のような考えにもとづいています。独り暮らしの高齢者には，往々にして調理や買い物，家事全般についての手助けが必要です。そして，私はこう考えたのです。この種の手助けを行うのに最適な人というのが，サービスを受ける側と同じ年齢層の人たちなのだと。というのも，彼らは顧客の身に起きていることにより共感できるし，しかも，彼らには顧客たちとの共通点がより多いからです。何しろ，高齢の顧客と若い介護者との間に生じがちなあの世代間格差がありませんからね。当社はシカゴで事業を立ち上げ，現在，11都市に支社があって北東部全域を網羅しています。さらに，常に事業を拡大し続けています。

Can you take us back to how you started the business?	どのように事業を始められたかをお話しいただけますか？

Sure. My background is in nursing, and I was in the geriatric ward of a hospital. One day, I read an article that said that the percentage of people over 80 in the population was predicted to increase by 79 percent in the next decade or so. And at the same time, the number of caregivers—nurses and home support workers, etc.—under the age of 65 is predicted to increase by just 1 percent. So, obviously, you have a big shortfall there. I should also mention that my mother was 83, and my family thought she should be in an assisted-living facility because she was getting frail and having memory issues. But she's very independent, so we hired a support agency that sent workers to her home to help her with cooking and meals. And they did, you know, a decent job, but there was a different person showing up every day, and most of them barely said two words to her when they were there. So, I just put the two things together and thought, well, we have this huge elderly population, and if the folks in their 50s and 60s could support the ones who were older, it would help fill this huge need. Also, because, the clients have to invite these people into their own homes, I was certain that they'd feel more comfortable about it if the people were more similar to them in age. I went out and hired 10 people and put some ads in the local senior center and other places, and it took off from there.

もちろんです。私はもともと看護師をしており、ある病院の高齢者病棟にいました。そして、ある日読んだ記事に、こう書かれていたのです。80歳を超える人々の人口に占める割合が、この先10年ほどで79パーセント増加すると予測されていると。しかも同時に、65歳未満の介護者、例えば看護師や在宅介護士などの数は、わずか1パーセントしか増えないというのです。つまり、明らかに、そこには大きな不足が生じます。さらに私が話しておくべきことは、私の母は83歳で、私たち家族は、母は介護施設に入った方がいいだろうと考えていたことです。母は弱ってきており、記憶力に問題を抱えていたからです。しかし、母はかなり自立心が強い人だったので、私たちは介護業者に依頼して母の自宅へヘルパーを派遣してもらい、料理や食事を手伝ってもらったのです。業者は確かに、きちんと仕事をしてくれました。しかし、毎日違う人が現れては、たいていは滞在中、母に二言話しかけるかどうかという状況でした。それで私は、2つのことを結びつけて考えたのです。そう、これほど膨大な高齢者人口を抱える中で、もし50代や60代の人たちがより年配の人たちを援助できたら、この大きな需要を満たすことにつながるだろうと。それに、顧客の立場になると、こうした人たちを自宅に招き入れなければならないので、きっと、自分により近い年齢層の人が来てくれた方が気楽に感じるはずだと思ったのです。私は意を決して10人を雇用し、地元の高齢者センターなどの場所に広告を出して、そこから事業が始まったんです。

That's wonderful. As you mentioned, there are a lot of senior care services springing up these days.	それはすばらしいですね。あなたがおっしゃったように、最近では多くの高齢者介護サービスが次々と開業しています。

How does your company differentiate itself from the others?

あなたの会社は、どのように他社との差別化をはかっているのでしょうか？

As I mentioned, there are a lot of services that provide a very high standard of care. And as with the other leading agencies, all of our staff are highly trained, licensed professionals. But what we feel really sets us apart is that our primary focus is on building and sustaining a rapport with the client. The client is first given a selection of profiles to choose from, so they find someone who's suitable and who they have common interests or a common background with. This helps to ensure that they feel comfortable, and that not only are their physical needs being met, but that they have companionship and consistency as well.

申し上げたように、非常に高水準の介護サービスを提供している多くの業者が存在します。そして、ほかのトップ業者と同じように、弊社のスタッフは全員、高度な訓練を受けて資格取得したプロです。ですが、弊社を本当に際立たせていると感じる点は、弊社が顧客との間に信頼関係を築き上げ、それを維持するところに最も重点を置いていることです。顧客はまず、そこから（介護者を）選ぶためのプロフィール集が手渡され、そこから自分に合った人物、自分と共通する興味や経歴の持ち主を見つけるのです。これによって、間違いなく顧客に快適さを感じてもらえるうえ、顧客の物理的な需要が満たされるばかりか、話し相手がいることや一貫して同じ人の介護を受けられる点での良さもあるのです。

It sounds like you're making a huge difference in the lives of many people, Alesha. Thanks so much for sharing your story with us today.

どうやら、あなたは多くの人々の生活に大きな変化をもたらしているようですね、アリーシャさん。今日はお話を聞かせていただき、ありがとうございました。

It was my pleasure, David.

どういたしまして、デービッドさん。

重要語句 ☐ identify with ～（熟 ～に共感する） ☐ have ～ in common with ...（熟 ～を…と共有する）
☐ generation gap（名 ジェネレーション・ギャップ，世代間のずれ）
☐ geriatric ward（名 高齢者病棟） ☐ caregiver（名 介護者） ☐ shortfall（名 不足）
☐ assisted-living facility（名 介護施設） ☐ frail（形 弱い，虚弱な）
☐ independent（形 自立した） ☐ take off（熟 始まる）
☐ spring up（熟 生まれる，現れる） ☐ differentiate（動 ～を差別化する，違いをつける）
☐ set ～ apart（熟 ～を際立たせる） ☐ rapport（名 感情的な親密さ）
☐ companionship（名 交流，交際） ☐ consistency（名 一貫性）

□（1）　スクリプト／和訳

What is one reason that Alesha Singh decided to start her business?

1　The workers her mother hired did not do a good job.
2　There were few senior care services in Chicago.
③　There is a growing shortage of senior support workers.
4　The number of assisted-living facilities is increasing.

アリーシャ・シンが自分の事業を始めようと決めた１つの理由は何か。

1　彼女の母親が雇った人たちが良い仕事をしなかった。
2　シカゴに高齢者介護業者がほとんどなかった。
3　高齢者を介護する人がどんどん不足してきている。
4　介護施設の数が増加している。

解説▶アリーシャの３回目の発言より，80 歳を超える人々の割合が 79 パーセント増加すると予測される一方で，介護者数はわずか１パーセントしか増えないと説明し，介護者の大きな不足が生じると分析している。したがって **3** が正解。**1** は，アリーシャの３回目の発言第 7 〜 8 文目より，雇った介護者は仕事自体はきちんと行っていたことがわかるので誤り。ほかの選択肢の内容は説明されていないので誤り。

□（2）　スクリプト／和訳

What makes Seniors Helping Seniors different from other senior-care providers?

1　All of its staff members have professional qualifications.
②　The staff focus on building relationships with the clients.
3　Its training is superior to that of other companies.
4　It supports people both in their own homes and in senior centers.

「シニアズ・ヘルピング・シニアズ」はどんな点でほかの高齢者介護業者と異なっているか。

1　すべてのスタッフがプロの資格を持っている。
2　スタッフが顧客との人間関係の構築に力を入れている。
3　研修内容が他社よりもすぐれている。
4　顧客を自宅でも高齢者センターでも支援している。

Lesson
15

解説▶設問文にある「シニアズ・ヘルピング・シニアズ」がアリーシャの経営する介護サービス会社の名称であることは，インタビューの前半からわかる。アリーシャの４回目の発言の第 3 文より，自社サービスの特徴について，**顧客との間に信頼関係を築き上げ，それを維持するところに最も重点を置いている**ことであるとわかる。このことを簡潔に言い換えている **2** が正解。また，4回目の発言の第 2 文より，スタッフが専門的な資格を所持していることや高度な訓練を受けていることは他社と同様であり，研修内容への言及はないので **1** と **3** は誤り。**4** は述べられていないので誤り。

LISTENING

Lesson 15
解答・解説
Answers & Explanations

青文字＝放送される英文（スクリプト）　赤文字＝正解・語義

▒▒▒＝ナレーター　　＝男性　▒▒▒＝女性

☐ [C] スクリプト / 和訳

This is an interview with Mark Perry, who works for a recruiting agency in Tokyo.	これは東京の人材紹介会社に勤務しているマーク・ペリーとのインタビューです。
Hello, and welcome to the studio, Mark.	こんにちは，スタジオへようこそ，マークさん。
Thanks so much for having me.	お招きいただき，ありがとうございます。
Working as a recruiter sounds like a very interesting job. What do you enjoy most about it?	人材紹介というのは，大変興味深い仕事のように聞こえます。一番楽しいのはどんなところですか？
Well, obviously it can be really rewarding. Placing the right candidate in the right position can have a huge impact. I mean, it can alter the entire trajectory of a business. A few years ago, I recruited an executive for a technology firm that was struggling, and there were even rumors it was on the verge of going under. She went on to turn the firm around in less than 18 months. Thinking back on that sort of thing is by far the most satisfying aspect of what I do. I've kept in contact with her because I often recruit personnel for her firm, and every time I see her, she makes a point of thanking me for finding her that job.	そうですね，明らかなのは，とてもやりがいがあるところです。適材を適所に就けることで，大きな影響を与えることが可能です。つまり，それがある企業の全体的な方向性を変えるかもしれないのです。数年前，私はあるテクノロジー企業に幹部社員を着任させました。その会社は苦況にあえいでおり，倒産寸前だという噂もありました。そこへ彼女が加わり，18ヵ月も経たないうちに会社の形勢を逆転させたのです。そうしたことを思い返すのが，何といっても自分の仕事で最も満足感を味わえる部分です。彼女の会社にしばしば人材を紹介するので，いつも彼女と連絡を取ってきましたし，会えば必ず彼女は，私がその仕事を見つけたことを感謝してくれるのです。
That sounds wonderful.	それはすばらしいですね。
Yes, and another aspect I enjoy is the autonomy. Of course, I have to attend a certain number of fixed meetings with coworkers or clients, but for the most part, I'm free to go about my job the way I want to	ええ，それから，もう1つ私が楽しんでいるのは，自主性です。もちろん，同僚や顧客といくつか決まった打ち合わせをこなさなければなりません。しかし，ほとんどの場合，私は自由に，やりたいように仕事をしていますし，

and set my own hours. As long as I'm meeting, or actually, surpassing my quotas, I have a tremendous amount of freedom.	自分で働く時間を決めています。自分のノルマを果たしていれば、まあ実際にはノルマを上回っているのですが、私にはとてつもない自由があるのです。
And I assume you work with a lot of Japanese companies.	そして、当然ながら、あなたはたくさんの日本企業と仕事をしていますよね。
Sure, almost all of our clients are based here, although I'm usually recruiting non-Japanese staff.	そうです、私たちの顧客のほぼすべてがこの国を拠点にしています。ただ私はたいてい、日本人以外の人材の採用活動を行っていますが。
Does that present any challenges?	それゆえの難しさはありますか？
It can, yes. One of the most important things I need to do is prepare people for interviews and make sure that they'll be a good fit for a Japanese firm.	ええ。私がしなければならない最も重要なことの１つが、皆さんに面接へ向けた準備をしてもらい、間違いなく日本企業に適応してもらうことなのです。
What are some of the issues that you have to deal with in that regard?	その点で、どのような問題に対処を迫られますか？
One thing that I've really worked on is studying the differences in job interviews. There are a lot of superficial differences, such as Japanese interviews being much longer and the tendency to have half a dozen or more interviewers for a single candidate, which some of my clients say can be very intimidating. But I also need to get them ready for typical Japanese job interview questions.	１つ私が実際に取り組んできたこととして、（日本での）面接がどう違うかを研究することが挙げられます。表面的な違いはたくさんあって、例えば、日本の面接の方が所要時間がはるかに長かったり、１人の候補者に対して６人以上もの面接官がつく傾向があったりします。私の顧客の中には、それを非常に威圧的だと言う人もいるほどです。とはいえ、彼らに典型的な日本企業の面接での質問に備えてもらう必要もあるのです。
And what do you tell them?	それで、彼らに何を伝えるのですか？
Well, I think some of them are surprised because Western interviews tend to focus on a person's skill set, and the majority of questions will be about that.	そうですね、思うに彼らの中に驚く人がいるのは、欧米の面接が個人の知識や技能を重視しがちで、質問の大半がそれに関するものだからです。

Lesson
15

241

But Japanese firms, I've noticed, put a lot of weight on answers to seemingly innocuous questions about people's hobbies, why they came to Japan, or what they want to be doing in five years. I think there's a bit of a hidden agenda here that some people don't recognize. They're definitely looking for answers that indicate stability and cultural sensitivity, and I really emphasize what's behind those types of questions. When people talk about hobbies, it's better to demonstrate that they're familiar with some aspect of Japanese culture, or when they talk about where they want to be in five years, to avoid saying that they're going to be working in a different field in their home country! I always get them to stress the ties they've built to Japan, whether it be owning property, having a Japanese spouse, having studied the language, or what have you.

ところが日本の企業では，私が見る限り，一見当たり障りのない質問に対する答えに多くの重点が置かれるのです。趣味や，日本に来た理由，あるいは5年後にしていたいことなどです。おそらくここにはちょっとした意図が隠されており，人によってはそれに気づかないのです。企業側が間違いなく求めているのは，安定性や文化的感受性を示す回答です。だから私は，その種の質問の背後にあるものを本当に強調するのです。趣味について話すときには，自分が日本文化の一面に詳しいことを披露する方がいいですし，5年後にどこにいたいかを話すときには，母国で別の業種に携わっているだろうなどとは言わない方がいいのです！　私はいつも，自分たちが築いてきた日本との結びつきを強調するように指導します。それが土地を所有していることであれ，日本人の配偶者がいることであれ，日本語を学んだことであれ，何であれです。

That sounds like excellent advice.

それはすばらしいアドバイスですね。

I hope it is. We really encourage the candidates to do their homework, find out about the firm, and make sure that their answers to the questions they're going to get asked will put them in the most positive light possible.

そうであってほしいですね。私たちが求職者たちに強く勧めるのは，予備調査をすることです。企業について調べ，自分に投げかけられるであろう質問への回答が，必ず最大限，自分にとって有利な状況を生むようにするのです。

That makes sense. Thank you, Mark. It's been a pleasure talking to you today.

なるほど。ありがとうございます，マークさん。今日はお話しできてよかったです。

Thank you. The pleasure's all mine.

ありがとうございます。こちらこそ，感謝しています。

242

重要語句 □ recruiter（❀ 人材採用担当者） □ rewarding（❀ やりがいのある） □ trajectory（❀ 軌道）
□ on the verge of ～（❀ ～の間際に） □ go under（❀ 破産する，倒産する）
□ autonomy（❀ 自主性） □ quota（❀（販売などの）ノルマ）
□ intimidating（❀ 威圧的な，脅迫的な） □ seemingly（❀ 一見したところ）
□ innocuous（❀ 当たり障りのない） □ agenda（❀ 意図）
□ stability（❀ 安定性） □ sensitivity（❀ 感受性） □ spouse（❀ 配偶者）

□ (1)　スクリプト / 和訳

When does Mark Perry find his job the most rewarding?

1 When he is able to exceed his job targets.

2 When companies thank him for finding good recruits.

③ When people he recruited have a positive impact on their company.

4 When he finds someone he thinks has a lot of potential.

マーク・ペリーが自分の仕事に最もやりがいを感じるのはいつか。

1 自分の仕事の目標を超えることができたとき。

2 企業が，良い人材を見つけたことに感謝してくれるとき。

3 紹介した人材が，着任先の企業に良い影響をもたらすとき。

4 大きな可能性があると思う人材を見つけたとき。

解説▶マークの2回目の発言によると，マークは**自分が紹介した人たちを適材適所に就け，彼らが会社に大きな影響を与えたとき**に最もやりがいを感じると述べている。したがって内容に一致する **3** が正解。ほかの選択肢の内容は説明されていないので誤り。

□ (2)　スクリプト / 和訳

What is one thing that Mark Perry does to prepare his clients for interviews?

1 He helps them to improve their Japanese abilities.

② He explains the reasons that certain questions are asked.

3 He coaches them on which skills they should emphasize.

4 He shows them how to appeal to multiple interviewers.

自分の顧客に面接の準備をさせるうえで，マーク・ペリーが行うことの1つは何か。

1 彼らが日本語の能力を高める手助けをする。

2 ある種の質問が投げかけられる理由を説明する。

3 彼らがどの技能を強調すべきかについて指導する。

4 彼らにどうやって大勢の面接官にアピールすればいいかを教える。

Lesson
15

解説▶マークはインタビューの後半で，応募者に日本企業での面接へ向けて準備させるにあたり，いくつかのアドバイスを行うことを述べている。マークの7回目の発言によると，彼は**日本企業の面接でよく尋ねられる質問の背後にあるもの**，つまり**質問をする理由を重視している**とわかる。したがって **2** が正解。ほかの選択肢の内容は説明されていないので誤り。

Lesson 15
解答・解説
Answers & Explanations

青文字＝放送される英文（スクリプト）　赤文字＝正解・語義

▧＝ナレーター　▧＝男性　▧＝女性

☐ [D] スクリプト / 和訳

This is an interview with Tammy Walters, an interior designer.	これはインテリアデザイナーのタミー・ウォルターズとのインタビューです。
Good evening, and welcome to Living Spaces. I'm your host, Paul Sanders, and my guest today is Tammy Walters, an interior designer at the well-known firm Better Homes. Welcome to the show, Tammy.	こんばんは，『リビング・スペーシズ』の時間です。私は司会のポール・サンダースです。そして今日のゲストはかの有名企業，ベター・ホームズのインテリアデザイナー，タミー・ウォルターズさんです。番組へようこそ，タミーさん。
Thanks, Paul. It's great to be here.	ありがとうございます，ポールさん。出演できて光栄です。
Could you tell us a bit about how you got started as an interior designer?	どんな経緯でインテリアデザイナーのお仕事を始められたのかについて，少しお聞かせいただけますか？
I actually wanted to be an architect originally, but while I was in college, I realized I was more attracted to the interior aspect than I was to the buildings' structures themselves.	実はもともと，建築家になりたかったのです。ところが大学在学中に，自分が建物の構造そのものよりも，インテリア方面により魅力を感じていることに気づきました。
I see. These days, what kind of clients do you deal with?	なるほど。最近はどのようなお客さんとお取引なさっているのですか？
There's an incredible variety. I've done work for everyone from a college student with a $300 budget to a well-known Hollywood actress who was renovating her mansion.	信じられないほど多岐にわたっています。予算300ドルの大学生から，豪邸を改装していた有名なハリウッド女優まで，あらゆる人のために仕事をしてきました。
So, what are your most and least favorite parts of the job?	では，仕事について最も気に入っているところと気に入らないところは何ですか？
Unfortunately, sometimes I feel like I have to be a psychologist or a marriage counselor.	残念なことに，時として，私は心理学者や結婚カウンセラーにならなければいけないと思うのです。

There can be some really ugly moments when clients have incompatible ideas about how they want their living space to look, and if you don't know how to head them off, it can be a pretty uncomfortable situation for everyone. But now I feel that I have a strong grasp of how to turn arguments into compromises where both parties can see a positive end result. And the thing that brings the most satisfaction, is when I'm able to anticipate something where, say, the client thinks they've bought their dream home, but there's something they're totally oblivious to that could drastically improve their living space, or that's going to become a headache in the future.

本当にひどい瞬間に立ち会うこともあります。自分の居住空間をどのように見えるようにしたいかについてのお客さんの案を、こちらが受け入れがたい場合ですね。そして、それをどう思いとどまらせればいいのかわからないと、両者が非常に気まずくなりかねません。しかし、今では、自分がどうやれば見解の相違を両者にとって好ましい結果となるような妥協案に持ち込めるか、よく把握していると思います。そして、最も満足できるのは、例えばお客さんが購入した夢のマイホームなどというところに存在する何かを予想できたときです。ただ、お客さんは、その何かには全く気づかず、それが劇的に彼らの生活空間を改善できたり、あるいは将来的に悩みの種になったりすることもあるのです。

For example?

例えば？

So, there's a thing called a "ghost room." Something like a living room full of elegant furniture that no one ever goes into because people spend all their time in the family room. I might convert it into a home theater for them, and it makes their space much more livable. Of course, you have to focus on the requests that you're getting and really try to understand their vision for what kind of a space the client wants to live in, but at the same time, you have to be able to know what's realistic for them and have a bit of intuition about how the design is actually going to play out for them when they start living in it. When I can do that, it gives me a real feeling of accomplishment.

そうですね。「幽霊部屋」と呼ばれるものがあります。優雅な家具が詰め込まれたまま、誰も足を踏み入れなくなっている居間のような空間です。なぜなら、皆ずっと家族部屋で過ごしているからです。私は、そういう部屋をその家族向けのホームシアターに改装するかもしれません。そうすれば、彼らの空間がずっと暮らしやすいものになります。もちろん、お客さんの要望に注意を払わなければなりませんし、彼らの構想、どんな空間に暮らしたいと思っているのかを本当に理解するよう努めなければなりません。しかし同時に、彼らにとって何が現実的なのかを把握できなければなりませんし、彼らがそこで暮らし始めたらデザインが実際どんな働きを見せるかについて、いくぶん直感も必要になりますね。それがうまくいったときに、本当の達成感が得られるのです。

What kinds of styles do you personally prefer?

個人的にはどんなスタイルが好きですか？

When I started out, I really liked contemporary design, but somehow over the years, I've come to really appreciate the modern style.	仕事を始めた頃には，現代的なデザインが大好きでした。でも，どういうわけか，年月が過ぎるうちにモダンスタイルの良さがよくわかるようになってきました。
What's the difference?	どんな違いがあるのですか？
They're both minimalist, and offer comfortable, uncluttered open spaces. Modern, contrary to its name, actually refers to a movement that was most popular in the 1950s and 60s, while contemporary refers to current designs. And contemporary utilizes state-of-the-art materials, in particular, various types of glass and metals, and tends to have a lot of black and white or gray. If there are colors, they're pure, saturated colors like red, indigo, and orange. In contrast, modern design, emphasizes natural materials like wood, and the colors are more earthy.	どちらも最小限主義で，心地よく，整った，広々した空間を提供します。モダンというのは，その名に反して，実際には1950年代や60年代に最も人気があった様式のことです。対して，現代的というのは最新のデザインを指しています。また，現代的なデザインには最先端の材料，特に様々な種類のガラスや金属を利用します。それと，黒と白，あるいは灰色を多用する傾向があります。色を使う場合でも，赤色，藍色，オレンジ色のような純粋で鮮明な色です。モダンデザインでは，一方で，木材のような天然の材料を強調し，もっと土に近い色を使います。
Thank you very much, Tammy. It's been fascinating.	どうもありがとうございました，タミーさん。とても興味深いお話でした。
Thank you. The pleasure's all mine.	ありがとうございました。こちらこそ，感謝しています。

重要語句 ☐ incredible（形 信じられない）　☐ psychologist（名 心理学者）
☐ marriage counselor（名 結婚相談員）　☐ incompatible（形 相いれない，両立しない）
☐ head ～ off（熟 ～を阻止する）　☐ grasp（名 把握力）　☐ compromise（名 妥協案）
☐ oblivious（形 気が付かない）　☐ drastically（副 大幅に，劇的に）　☐ livable（形 住みやすい）
☐ realistic（形 現実的な）　☐ intuition（名 直感）　☐ contemporary（形 現代の）
☐ appreciate（動 ～の良さがわかる）　☐ uncluttered（形 整頓された，整然とした）
☐ state-of-the-art（形 最先端の）　☐ saturated（形 （色が）鮮明な，飽和した）

□（1）　スクリプト / 和訳

What does Tammy Walters say brings her the most satisfaction in her job?

① When she is able to solve problems the clients are not aware of.

2 When she and the client have the same vision for the design.

3 When her designs affect people's personal relationships.

4 When she is able to fulfill clients' special requests.

タミー・ウォルターズは，自分の仕事の中で何が最も満足感をもたらすと言っているか。

1 顧客の気づかない問題を解決できるとき。

2 彼女と顧客がデザインについて同じ見方ができるとき。

3 彼女のデザインが，人々の個人的な関係に影響を及ぼすとき。

4 彼女が顧客の特別な要望をかなえられるとき。

解説▶ タミーの4回目の発言より，彼女が最も満足できるのは，**顧客の夢のマイホームに潜んでいる，顧客自身が気づいていない問題点を予想できたとき**とわかる。そして，タミーの5回目の発言では，その例として，**誰も使用していない「幽霊部屋」を改装して，生活空間をさらに住みやすくする**，ということが説明されている。以上の内容を簡潔に説明した**1**が正解。ほかの選択肢は説明されていないので誤り。

□（2）　スクリプト / 和訳

How have Tammy Walters' design preferences changed over the years?

1 She is less fond of minimalist designs.

2 She prefers to use state-of-the-art materials.

③ She now favors natural materials and colors.

4 She adds more blacks, whites, and greys to her designs.

タミー・ウォルターズのデザインの好みは，年を経てどのように変わったか。

1 彼女は最小限主義のデザインをあまり好まなくなっている。

2 彼女は最先端の材料を使う方が好きだ。

3 彼女は今では自然な材料や色彩が好きだ。

4 彼女はデザインに黒，白，灰色をより多く用いる。

Lesson
15

解説▶ タミーの6回目の発言より，はじめの頃は現代的なデザインが好きだったが，年を経てモダンスタイルを好むように変わったことがわかる。そしてタミーの7回目の発言の最後の文より，モダンスタイルのデザインの特徴とは，**木材などの自然の材料を強調し，より土に近い色を使うこと**であるとわかるので**3**が正解。タミーの7回目の発言によれば，モダンスタイルのデザインと現代的なデザインはどちらも最小限主義のデザインに該当しており，彼女はそのようなデザインを好まなくなったわけではないので**1**は誤り。また，タミーの7回目の発言より，最先端の材料や黒，白，灰色を多用するのは現代的なデザインの特徴だとわかるが，現代的なデザインはもともと好んでいたものなので好みの変化の結果とはいえない。したがって**2**，**4**は誤り。

Lesson 15
解答・解説
Answers & Explanations

☐ [E] スクリプト / 和訳

This is an interview with Preston Trudeau, a game developer.	これはゲーム開発者のプレストン・トルドーとのインタビューです。
Today in the studio, we have Preston Trudeau, a game developer who works for a software publisher.	今日はスタジオに，ゲーム開発会社で働くゲーム開発者，プレストン・トルドーさんをお招きしています。
It's great to be here.	お招きいただきまして光栄です。
So, is a game developer the same as a game programmer?	さて，ゲーム開発者というのはゲームプログラマーと同じなのでしょうか？
Good question. There's a lot of overlap between the two, and some people use the terms synonymously, but for the most part, programmers sit in front of a screen and write code, although they may do creative things as well, especially with smaller software publishers. Developers sometimes do programming too, but in general, they tend to be responsible for the ideas behind the game and the process of getting things up and running, including level design and quality assurance.	いい質問ですね。その2つにはたくさん重なるところがありますし，それらの言葉を同じ意味で使う人もいます。しかし，たいていの場合，プログラマーは画面の前に座って，コードを書いています。もっとも，特に比較的小規模のソフトウェア会社では彼らが同様にクリエイティブな作業をすることもありますが。開発者はというと，プログラミングをすることもあるのですが，一般的に彼らがよく責任を負うのは，ゲームの背景の構想を練ることや，物事をまとめていったり動かしたりする過程です。これにはレベルの設計や品質の確保も含まれます。
Very interesting. What kind of games do you develop?	とても興味深いですね。あなたはどんなゲームを開発なさっているのですか？
I got my start as a programmer 10 years ago working on role-playing games, or RPGs, for tablets and smartphones. But now I work at a software publisher that makes RPGs for PCs.	私は10年前にプログラマーの仕事を始めました。そのときはタブレットやスマートフォン向けのロールプレイングゲーム，すなわちRPGに関わりました。ですが，今はソフトウェア会社に勤務して，そこでパソコン向けのRPGを作っています。

Was it difficult to transition from developing smartphone games to making them for PCs?

スマートフォン向けのゲームの開発から，パソコン向けのゲームの制作への移行は難しいものでしたか？

Yes and no. PC games tend to be much more complex, and the teams are bigger, but smartphone games have also had a big influence on them in recent years, so my experience turned out to be extremely valuable.

難しくもあり，簡単でもありました。パソコンゲームの方がはるかに複雑なものになりがちで，チームの規模もより大きいのですが，スマートフォンゲームも近年パソコンゲームに大きな影響を及ぼしてきているので，自分の経験が大変有益であることがわかったのです。

How so?

どんなふうに？

PC games cost a lot of money, whereas smartphone games are often free. And a few years ago, PC game makers were notorious for putting out games that cost $60 or $70 but were riddled with bugs or didn't have any replay value—or just weren't entertaining in the first place. The publishing houses knew that once the customer had purchased it, they had his cash in their pocket. But when you're giving a game away for nothing, you need people to be motivated to purchase in-game items with real money that will help them advance the story or give them an edge against their competitors. So, I felt that when I moved into the PC gaming world, I had an edge over some of the other game designers because I was familiar with how to do these things. I knew what elements of a game made it really compelling.

パソコンゲームは高価ですが，一方でスマートフォンゲームはたいてい無料です。それに数年前，パソコンゲームの制作会社は悪評が高かったのです。60ドル，70ドルするゲームを世に出しておきながら，それがバグだらけだったり，繰り返しプレイする価値がなかったり，そもそも面白くなかったりしたからです。出版社は，いったん顧客が商品を購入してしまえば，お金が自分たちの懐に入るということを知っていました。しかし，無料でゲームを提供するとなれば，人々に，お金を払ってゲーム内で使うアイテムを買ってもらうよう仕向けなければなりません。そのアイテムを使ってゲームのストーリーを進めたり，競争相手よりも優位に立ったりするわけです。だから私は，パソコンゲームの業界に移ったとき，これらの方法に精通しているので，自分の方がほかのゲームデザイナーよりも有利な場合があると思ったのです。私は，この方法を熟知し，どんな要素がゲームを本当に魅力的にするのかを知っていましたから。

Lesson
15

And what are some of the qualities that make a person a successful game designer?

それでは，ゲームデザイナーとして成功するための資質とは何でしょうか？

Of course creativity and coding skills are essential, but there's one thing I've noticed that a lot of the really top people in the industry have in common.

もちろん創造性やプログラミング技能は不可欠ですが，1つ気づいたことがあります。この業界で本当にすぐれている人々の多くに共通しているものがあるのです。

What's that?	それはなんですか？

| When you're developing a game and you spend weeks or even months coming up with a concept or a level design or something, and you've poured your heart and soul into it, it can be hard to, you know, change horses midstream. But in this industry, you can't really ever be married to an idea. So, the top game developers, they can go into a meeting and really listen to what their clients or investors or the executives in the company are saying, and they can make major alterations to their concepts or levels when it's called for. | ゲームを開発していると，何週間も，あるいは何ヵ月もかけてコンセプトやレベル設計などを考え，身も心もそこに注ぎ込んだ状況になります。すると，途中で計画を変更するのが難しくなることがあるのです。しかし，この業界では，１つのアイデアにしがみつくことは絶対にできません。だからトップのゲーム開発者たちは，会議に出て顧客や出資者や会社の役員らの発言に本当に耳を傾けることができるし，必要なら自分のコンセプトやレベル設計を大きく変更することができるのです。 |

That sounds tough.	それは大変ですね。

| Yes, but it's interesting. I often find that I'll go into a meeting, get a lot of feedback, and think that the criticisms are totally wrong, but I'll set to work on redoing things anyway. And then when I compare the old and the new versions, the new one will be far superior to the previous one. It's amazing how frequently it happens. | ええ，でも面白いですよ。会議に出て，たくさん意見をもらうと，出された批判が全くもって間違っていると思うことがよくあります。それでも，私はとにかくやり直しに取り掛かるのです。その後で旧バージョンと新バージョンを比較すると，新しい方が古いものよりもずっとすぐれているのです。びっくりするほど頻繁に，そうなるんですよ。 |

Well, thank you, Preston. It's been fascinating.	なるほど，どうもありがとうございました，プレストンさん。すばらしいお話でした。
Thanks for having me.	お招きいただき，ありがとうございました。

重要語句 □ overlap（⑧ 重なり）　□ synonymously（⑩ 同意語として）
□ be responsible for ～（熟 ～の責任がある，貢献者である）　□ quality assurance（⑧ 品質保証）
□ have an influence on ～（熟 ～に影響を及ぼす）　□ notorious（⑱ 評判の悪い，悪名高い）
□ put out ～（熟 ～を発売する，売り出す）　□ be riddled with ～（熟 ～で満ちている）
□ have an edge over ～（熟 ～よりも有利である）　□ compelling（⑱ 注目せずにはいられない）
□ change horses midstream（熟 途中で変更する）　□ not ～ ever（熟 決して～ない）
□ alteration（⑧ 変更）

□（1） スクリプト / 和訳

What advantage did Preston Trudeau have when he started working on PC games?

① He knew what made players want to keep playing games.

2 He was an expert at fixing bugs in games.

3 He knew how to produce games more cheaply.

4 He had worked for some of his competitors.

プレストン・トルドーは，パソコンゲームの仕事を始めたときに，どんな点で優位に立っていたか。

1 彼はどうすればプレイヤーがゲームを続けたくなるかを知っていた。

2 彼はゲームのバグを修正する専門家だった。

3 彼はより安くゲームを制作する方法を知っていた。

4 彼は競合会社のいくつかと仕事をしたことがあった。

解説▶ プレストンの 4，5 回目の発言によると，彼は**スマートフォンゲーム開発の経験がパソコンゲームの開発に役立った**と考えていることがわかる。その理由は，プレストンの 5 回目の発言の最後の文より，スマートフォンゲーム開発の経験を通して，**どんな要素がゲームを本当に魅力的にするのかを知ることができた**からだとわかるので，**1** が正解。ほかの選択肢は説明されていないので誤り。

□（2） スクリプト / 和訳

What trait does Preston Trudeau say the best game developers have in common?

① They are flexible about changing their games.

2 They can explain the concepts behind their games well.

3 They know what kinds of games investors want.

4 They are able to get along with anyone.

プレストン・トルドーは，最もすぐれたゲーム開発者にはどんな特徴が共通していると言っているか。

1 彼らはゲームの変更に対して柔軟である。

2 彼らは自分たちのゲームの背景にあるコンセプトをうまく説明できる。

3 彼らは出資者たちがどんなゲームを欲しがるかをわかっている。

4 彼らは誰とでもうまくやれる。

Lesson
15

解説▶ プレストンの 7 回目の発言の最後の文より，本当にすぐれたゲーム開発者の特徴は，**自分の開発中のゲームにこだわりすぎず，顧客などの意見を取り入れてゲームの要素を柔軟に変更できること**だとわかる。したがって **1** が正解。ほかの選択肢は説明されていないので誤り。

SCORE	CHECK YOUR LEVEL
╱50点 （10問×各5点）	0～20点 ➡ *Work harder!* 25～35点 ➡ *OK!* 40～50点 ➡ *Way to go!*

Q ネイティブが日常会話で使う表現をマスターするために, 独学でできる勉強法はありますか？

A C1 レベルを目指すみなさんであれば, ネイティブの人達と会話をしてみたい, ということにも興味があるかと思います。ネイティブが日常生活で使う英語を学ぶのであれば, やはり小説, 映画, ドラマなどの本場のエンターテイメントに触れることが大切です。もちろん, ネイティブが日常会話で使う表現をプロの先生がまとめた参考書もありますが, そこで覚えた表現は, 実際どういった場面で使えばいいのかぴんと来ない場合もあるのです。

しかし, 映画やドラマの劇中で, 実際に自分の好きなスターが使っている言葉を書き溜めて, 覚えていくようにすれば, どういう場面でどういう表現を使えばいいのか, ということがつかめるようになります。

例えば, よく映画で使われる表現で,「取引成立だ」というような言葉を "Deal." と言うことがあります。このような表現は映画の中ではよく使われるわりに, 参考書では勉強できないですよね。"deal" =「取引」という内容は単語集に書いてありますが, "Deal?" "Deal." =「取引成立かい？」「取引成立だ」という会話まではなかなか勉強できません。

映画のほかには, 大衆小説を読むこともいいですね。大衆小説では人物同士の会話がたくさん出てきますから, その中の表現をストックして, そのまま使ってみてください。このような方法で海外の本場のエンターテイメントにたくさん触れるということが, C1 レベルになると非常に重要になってきます。

もし機会があるなら, ぜひとも実際に海外へ行って, そこで生活してみてください。海外留学は, 日本で勉強した英語をブーストアップする最高の機会です。本場に行って使ってみる, あるいは留学しなくても, 日本で外国人と一緒にたくさん話してみるという経験を積むことが大事です。英会話学校やオンライン英会話ももちろんいいですが, 外国人と一緒に遊びにいく, 一緒に食事をするなど, そういう体験をすることをおすすめします。

MEMO

【本書の音声】

東進 WEB 書店の本書ページから，無料でダウンロード［ストリーミング］できます。

▼東進 WEB 書店
　www.toshin.com/books

▼パスワード（ログイン時に要入力）
　hy27N12t

レベル別問題集シリーズ

英語 L&R レベル別問題集⑥ 最上級編

発行日：2021年　2月27日 初版発行

総合監修：安河内哲也　Andrew Robbins
発行者：永瀬昭幸

編集担当：山村帆南
発行所：株式会社ナガセ
　　　　〒180-0003 東京都武蔵野市吉祥寺南町1-29-2
　　　　出版事業部（東進ブックス）
　　　　TEL：0422-70-7456　FAX：0422-70-7457
　　　　URL：http://www.toshin.com/books（東進WEB書店）
　　　　※本書を含む東進ブックスの最新情報は，東進WEB書店をご覧ください。

英文校閲：Nick Norton
本文イラスト：丸子博史
校正協力：太田萌　清水梨愛　土屋岳弘　名波わかな　西岡美都　吉海拓真
音声収録：財団法人英語教育協議会（ELEC）
音声出演：Anya Floris　Guy Perryman　Jennifer Okano
　　　　　木村史明　水月優希
DTP・印刷・製本：中央精版印刷株式会社

合格の秘訣1 全国屈指の実力講師陣

東進の実力講師陣
数多くのベストセラー参考書を執筆!!

東進ハイスクール・東進衛星予備校では、そうそうたる講師陣が君を熱く指導する!

本気で実力をつけたいと思うなら、やはり根本から理解させてくれる一流講師の授業を受けることが大切です。東進の講師は、日本全国から選りすぐられた大学受験のプロフェッショナル。何万人もの受験生を志望校合格へ導いてきたエキスパート達です。

英語

日本を代表する英語の伝道師。ベストセラーも多数。

安河内 哲也 先生
[英語]

予備校界のカリスマ。抱腹絶倒の名講義を見逃すな。

今井 宏 先生
[英語]

「スーパー速読法」で難解な長文問題の速読即解を可能にする「予備校界の達人」!

渡辺 勝彦 先生
[英語]

雑誌『TIME』やベストセラーの翻訳も手掛け、英語界でその名を馳せる実力講師。

宮崎 尊 先生
[英語]

情熱あふれる授業で、知らず知らずのうちに英語が得意教科に!

大岩 秀樹 先生
[英語]

数学

数学を本質から理解できる本格派講義の完成度は群を抜く。

志田 晶 先生
[数学]

「ワカル」を「デキル」に変える新しい数学は、君の思考力を刺激し、数学のイメージを覆す!

松田 聡平 先生
[数学]

付録 1

国語

東大・難関大志望者から絶大なる信頼を得る本質の指導を追究。

栗原 隆 先生
[古文]

ビジュアル解説で古文を簡単明快に解き明かす実力講師。

富井 健二 先生
[古文]

縦横無尽な知識に裏打ちされた立体的な授業に、グングン引き込まれる！

三羽 邦美 先生
[古文・漢文]

幅広い教養と明解な具体例を駆使した緩急自在の講義。漢文が身近になる！

寺師 貴憲 先生
[漢文]

小論文指導の第一人者。著書『頭がいい人、悪い人の話し方』は250万部突破！

樋口 裕一 先生
[小論文]

文章で自分を表現できれば、受験も人生も成功できますよ。「笑顔と努力」で合格を！

石関 直子 先生
[小論文]

理科

丁寧で色彩豊かな板書と詳しい講義で生徒を惹きつける。

宮内 舞子 先生
[物理]

化学現象の基本を疑い化学全体を見通す"伝説の講義"

鎌田 真彰 先生
[化学]

全国の受験生が絶賛するその授業は、わかりやすさそのもの！

田部 眞哉 先生
[生物]

地歴公民

入試頻出事項に的を絞った「表解板書」は圧倒的な信頼を得る。

金谷 俊一郎 先生
[日本史]

つねに生徒と同じ目線に立って、入試問題に対する的確な思考法を教えてくれる。

井之上 勇 先生
[日本史]

"受験世界史に荒巻あり"といわれる超実力人気講師。

荒巻 豊志 先生
[世界史]

世界史を「暗記」科目だなんて言わせない。正しく理解すれば必ず伸びることを一緒に体感しよう。

加藤 和樹 先生
[世界史]

わかりやすい図解と統計の説明に定評。

山岡 信幸 先生
[地理]

政治と経済のメカニズムを論理的に解明しながら、入試頻出ポイントを明確に示す。

清水 雅博 先生
[公民]

革新的な学習システム

東進には、第一志望合格に必要なすべての要素を満たし、抜群の合格実績を生み出す学習システムがあります。

映像による授業を駆使した最先端の勉強法
高速学習

一人ひとりの
レベル・目標にぴったりの授業

東進はすべての授業を映像化しています。その数およそ1万種類。これらの授業を個別に受講できるので、一人ひとりのレベル・目標に合った学習が可能です。1.5倍速受講ができるほか自宅のパソコンからも受講できるので、今までにない効率的な学習が実現します。

1年分の授業を
最短2週間から1カ月で受講

従来の予備校は、毎週1回の授業。一方、東進の高速学習なら毎日受講することができます。だから、1年分の授業も最短2週間から1カ月程度で修了可能。先取り学習や苦手科目の克服、勉強と部活との両立も実現できます。

現役合格者の声

東京大学 理科一類
大竹 隆翔くん
東京都 私立 海城高校卒

東進の授業は映像なので、自分で必要と感じた科目を選んで、自分のスケジュールに合わせて授業が受けられます。部活や学校のない時に集中的に授業を進めることができ、主体的に勉強に向き合うことができました。

先取りカリキュラム（数学の例）

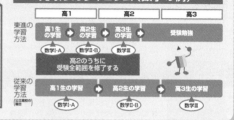

目標まで一歩ずつ確実に
スモールステップ・
パーフェクトマスター

自分にぴったりのレベルから学べる
習ったことを確実に身につける

高校入門から超東大までの12段階から自分に合ったレベルを選ぶことが可能です。「簡単すぎる」「難しすぎる」といったことがなく、志望校へ最短距離で進みます。

授業後すぐに確認テストを行い内容が身についたかを確認し、合格したら次の授業に進むので、わからない部分を残すことはありません。短期集中で徹底理解をくり返し、学力を高めます。

現役合格者の声

早稲田大学 文化構想学部
加畑 恵さん
石川県立 金沢二水高校卒

高1の春休みに、東進に入学しました。東進の授業の後には必ず「確認テスト」があります。その場ですぐに授業の理解を確認することができました。憧れの大学に入ることができて本当に嬉しいです。

パーフェクトマスターのしくみ

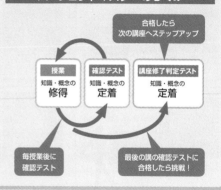

徹底的に学力の土台を固める

高速マスター基礎力養成講座

　高速マスター基礎力養成講座は「知識」と「トレーニング」の両面から、効率的に短期間で基礎学力を徹底的に身につけるための講座です。文法事項や重要事項を単元別・分野別にひとつずつ完成させていくことができます。インターネットを介してオンラインで利用できるため、校舎だけでなく、自宅のパソコンやスマートフォンアプリで学習することも可能です。

現役合格者の声

慶應義塾大学 理工学部
畔上 亮真くん
神奈川県立 横浜翠嵐高校卒

　おススメは「高速マスター基礎力養成講座」です。通学やちょっとした移動時間でもスマホで英単語などを勉強でき、スキマ時間を活用する習慣をつけられました。大学では自分の夢の基盤となることを学びたいです。

東進公式スマートフォンアプリ

■ 東進式マスター登場!
（英単語／英熟語／英文法／基本例文）

スマートフォンアプリでスキ間時間も徹底活用!

1) スモールステップ・パーフェクトマスター!
頻出度（重要度）の高い英単語から始め、1つのSTEP（計100語）を完全修得すると次のSTAGEに進めるようになります。

2) 自分の英単語力が一目でわかる!
トップ画面に「修得語数・修得率」をメーター表示。自分が今何語修得しているのか、どこを優先的に学習すべきなのか一目でわかります。

3)「覚えていない単語」だけを集中攻略できる!
未修得の単語、または「My単語（自分でチェック登録した単語）」だけをテストする出題設定が可能です。すでに覚えている単語を何度も学習するような無駄を省き、効率良く単語力を高めることができます。

「共通テスト対応英単語1800」2018年共通テスト試行調査カバー率99.4%

君の合格力を徹底的に高める

志望校対策

　第一志望校突破のために、志望校対策にどこよりもこだわり、合格力を徹底的に極める質・量ともに抜群の学習システムを提供します。従来からの「過去問演習講座」に加え、AIを活用した「志望校別単元ジャンル演習講座」が開講。東進が持つ大学受験に関するビッグデータをもとに、個別対応の演習プログラムを実現しました。限られた時間の中で、君の得点力を最大化します。

現役合格者の声

山形大学 医学部医学科
平間 三結さん
宮城県仙台二華高校卒

　受験前の「過去問演習講座」では10年分の過去問演習の結果が記録でき、また「志望校別単元ジャンル演習講座」ではAIが分析した自分の弱点を重点的に学習できるので、とても役立ちました。

大学受験に必須の演習

■ 過去問演習講座
1. 最大10年分の徹底演習
2. 厳正な採点、添削指導
3. 5日以内のスピード返却
4. 再添削指導で着実に得点力強化
5. 実力講師陣による解説授業

東進×AIでかつてない志望校対策

■ 志望校別単元ジャンル演習講座
過去問演習講座の実施状況や、東進模試の結果など、東進で活用したすべての学習履歴をAIが総合的に分析。学習の優先順位をつけ、志望校別に「必勝必達演習セット」として十分な演習問題を提供します。問題は東進が分析した、大学入試問題の膨大なデータベースから提供されます。苦手を克服し、一人ひとりに適切な志望校対策を実現する日本初の学習システムです。

志望校合格に向けた最後の切り札

■ 第一志望校対策演習講座
第一志望校の総合力に特化し、大学が求める解答力を身につけていきます。対応大学は校舎にお問い合わせください。

合格の秘訣3 東進ドットコム

ここでしか見られない受験と教育の情報が満載！
大学受験のポータルサイト
www.toshin.com

東進　🔍検索

スマートフォン版も充実！

最新の入試に対応!!

大学案内

偏差値でも検索できる。
検索機能充実！

　東進ドットコムの「大学案内」では最新の入試に対応した情報を様々な角度から検索できます。学生の声、入試問題分析、大学校歌など、他では見られない情報が満載！登録は無料です。
　また、東進ブックスの『新大学受験案内』では、厳選した185大学を詳しく解説。大学案内とあわせて活用してください。

大学入試偏差値ランキング

185大学・最大25年分超の過去問を無料で閲覧

大学入試過去問
データベース

君が目指す大学の過去問を
すばやく検索、じっくり研究！

　東進ドットコムの「大学入試問題　過去問データベース」は、志望校の過去問をすばやく検索し、じっくり研究することが可能。185大学の過去問を閲覧することができます。センター試験の過去問も最大25年分超掲載しています。登録・利用は無料です。志望校対策の「最強の教材」である過去問をフル活用することができます。

大学・学部選びの情報サイト

東進TV

▶東進実力講師陣が
　贈るメッセージ

憧れの大学の有名サークルに密着▶

最新の大学情報や
入試情報を毎週アップ！

　東進TVでは、憧れの大学や大学入試に関する耳寄り情報を学生リポーターが徹底取材！名物教授やキャンパス、サークル紹介など気になる動画をチェック！受験勉強に関する東進の実力講師からのアドバイスも必見です。

◀行きたくても行けなかった
　あの大学のオープンキャンパスを
　チェック

合格の秘訣4 東進模試

申込受付中
※お問い合わせ先は付録9ページをご覧ください。

学力を伸ばす模試

「自分の学力を知ること」が
受験勉強の第一歩

**■「絶対評価」×「相対評価」の
ハイブリッド分析**
志望校合格までの距離に加え、
「受験者集団における順位」および
「志望校合否判定」を知ることができます。

■単元・ジャンル別の学力分析
対策すべき単元・ジャンルを一覧で明示。
学習の優先順位がつけられます。

■中5日で成績表返却
WEBでは最短中3日で成績を確認できます。
※マーク型の模試のみ

■合格指導解説授業
模試受験後に合格指導解説授業を実施。
重要ポイントが手に取るようにわかります。

東進模試 ラインアップ 2020年度

模試名	対象	回数
共通テスト本番レベル模試	受験生 高2生 高1生 ※高1は難関大志望者	年4回
高校レベル記述模試	高2生 高1生	年2回
✊ 全国統一高校生テスト ●問題は学年別	高3生 高2生 高1生	年2回
✊ 全国統一中学生テスト ●問題は学年別	中3生 中2生 中1生	年2回
東大本番レベル模試	受験生	年4回
京大本番レベル模試	受験生	年4回
北大本番レベル模試	受験生	年2回

（東大本番レベル模試・京大本番レベル模試・北大本番レベル模試は）共通テスト本番レベル模試との総合評価※

模試名	対象	回数
東北大本番レベル模試	受験生	年2回
名大本番レベル模試	受験生	年3回
阪大本番レベル模試	受験生	年3回
九大本番レベル模試	受験生	年3回
東工大本番レベル模試	受験生	年2回
一橋大本番レベル模試	受験生	年2回
千葉大本番レベル模試	受験生	年1回
神戸大本番レベル模試	受験生	年1回
広島大本番レベル模試	受験生	年1回
早慶上理・難関国公立大模試	受験生	年4回
全国有名国公私大模試	受験生	年4回

共通テスト本番レベル模試との総合評価※

模試名	対象	回数
大学合格基礎力判定テスト	受験生 高2生 高1生	年4回
共通テスト同日体験受験	高2生 高1生	年1回
東大入試同日体験受験	高2生 高1生 ※高1は意欲ある東大志望者	年1回
東北大入試同日体験受験	高2生 高1生 ※高1は意欲ある東北大志望者	年1回
名大入試同日体験受験	高2生 高1生 ※高1は意欲ある名大志望者	年1回
全国統一医学部テスト	受験生	年2回

※最終回が共通テスト後の受験となる模試は、共通テスト自己採点との総合評価となります。
※2020年度に実施予定の模試は、今後の状況により変更する場合があります。最新の情報はホームページでご確認ください。

東大現役合格実績日本一※を更新！

東大・京大 現役合格 史上最高！

現役のみ！講習生含まず！

※2019年東大現役合格実績をホームページ・パンフレット・チラシ等で公表している予備校の中で最大。東進調べ。

東大現役合格者の
2.7人に1人が東進生！

東大 現役合格者
802名 昨対 +1名

東進生現役占有率 **38.2%**

● 文一―162名　● 文二　96名　● 文三91名
● 理一―283名　● 理二121名　● 理三34名　● 推薦15名

今年の東大合格者は現浪合わせて3,083名。そのうち、現役合格者は2,094名。東進の現役合格者は、802名。東進生の占有率は38.2%。現役合格者の2.7人に1人が東進生。

京大現役合格者の
4.0人に1人が東進生！

京大 現役合格者
451名 昨対 +71名

東進生現役占有率 **25.3%**

昨対比118.6%の大幅増！

今年の京大全体の前期試験合格者は現浪合わせて2,725名。そのうち、現役合格者は1,713名。東進の前期試験現役合格者は434名。東進生の占有率は25.3%。現役合格者の4.0人に1人が東進生です。

現役合格	旧七帝大	東進史上最高 昨対+280名 3,278名

● 東京大………802名　● 東北大………295名　● 大阪大………540名
● 京都大………451名　● 名古屋大……381名　● 九州大………442名
● 北海道大……367名

現役合格	医学部医学科	東進史上最高 昨対+85名 1,375名

■国公立　777名　●私立（※防衛医大学校を含む）598名

現役合格	国公立大	東進史上最高 昨対+858名 15,836名

● 旭川医科大………26名	● 東京農工大……120名	● 兵庫教育大………29名
● 小樽商科大………59名	● 一橋大…………153名	● 神戸市外国語大……60名
● 帯広畜産大………25名	● 東京都立大……244名	● 兵庫県立大……277名
● 北見工業大………67名	● 横浜国立大……328名	● 奈良教育大………29名
● 北海道大………367名	● 横浜市立大……134名	● 奈良女子大………45名
● 北海道教育大……111名	● 上越教育大……16名	● 奈良県立医科大……26名
● 室蘭工業大………48名	● 新潟大…………254名	● 和歌山大………82名
● 札幌医科大………31名	● 富山大…………167名	● 和歌山県立医科大…15名
● 弘前大…………121名	● 金沢大…………219名	● 鳥取大…………96名
● 岩手大…………51名	● 福井大…………86名	● 島根大…………88名
● 岩手県立大………12名	● 福井県立大………35名	● 岡山大…………316名
● 東北大…………295名	● 山梨大…………66名	● 岡山県立大………43名
● 宮城大…………32名	● 都留文科大………65名	● 広島大…………306名
● 宮城教育大………18名	● 信州大…………208名	● 県立広島大………62名
● 秋田大…………61名	● 岐阜大…………144名	● 広島市立大………39名
● 国際教養大………26名	● 静岡大…………233名	● 山口大…………260名
● 山形大…………132名	● 浜松医科大………16名	● 下関市立大………60名
● 福島大…………57名	● 静岡県立大………74名	● 徳島大…………184名
● 会津大…………16名	● 愛知教育大……109名	● 鳴門教育大………14名
● 福島県立医科大……24名	● 名古屋大………381名	● 香川大…………126名
● 茨城大…………171名	● 名古屋工業大……185名	● 愛媛大…………222名
● 筑波大…………317名	● 愛知県立大………90名	● 高知大…………75名
● 宇都宮大………56名	● 名古屋市立大……155名	● 九州大…………442名
● 群馬大…………83名	● 三重大…………240名	● 九州工業大………136名
● 高崎経済大………74名	● 滋賀大…………76名	● 福岡教育大………59名
● 埼玉大…………157名	● 滋賀医科大………17名	● 北九州市立大……123名
● 埼玉県立大………40名	● 滋賀県立大………68名	● 福岡女子大………32名
● 千葉大…………411名	● 京都大…………451名	● 佐賀大…………133名
● お茶の水女子大……54名	● 京都工芸繊維大……74名	● 長崎大…………181名
● 電気通信大………84名	● 京都教育大………25名	● 長崎県立大………42名
● 東京大…………802名	● 京都府立大………48名	● 熊本大…………240名
● 東京医科歯科大……34名	● 京都府立医科大……16名	● 熊本県立大………51名
● 東京外国語大……119名	● 大阪大…………540名	● 大分大…………102名
● 東京海洋大………49名	● 大阪教育大……129名	● 宮崎大…………101名
● 東京学芸大………104名	● 大阪市立大……278名	● 鹿児島大………148名
● 東京藝術大………17名	● 大阪府立大……256名	● 琉球大…………120名
● 東京工業大……177名	● 神戸大…………510名	● その他国公立大学…929名

現役合格	早慶	昨対+105名 4,636名

● 早稲田大…2,881名　● 慶應義塾大 1,755名

現役合格	上理明青立法中	昨対+1,056名 15,871名

● 上智大…………1,007名　● 青山学院大 1,587名　● 法政大………2,925名
● 東京理科大…2,154名　● 立教大………2,018名　● 中央大………2,412名
● 明治大…………3,768名

現役合格	関関同立	昨対+898名 10,867名

● 関西学院大 1,823名　● 同志社大……2,512名　● 立命館大……4,059名
● 関西大………2,473名

現役合格	I学成成明	昨対+386名 2,698名

● 国際基督教大(ICU)103名　● 成蹊大……654名　● 明治学院大……815名
● 学習院大……475名　● 成城大……651名

現役合格	日東駒専	昨対+1,220名 8,000名

● 日本大………3,540名　● 駒澤大……986名　● 専修大……1,024名
● 東洋大………2,450名

現役合格	産近甲龍	昨対+975名 5,275名

● 京都産業大……721名　● 甲南大……555名　● 龍谷大……1,033名
● 近畿大………2,966名

※東進調べ

ウェブサイトでもっと詳しく

[東進]　🔍 検索

各大学の合格実績は、東進ネットワーク（東進ハイスクール、東進衛星予備校、早稲田塾）の現役生のみ、高3時在籍者のみの合同実績です。

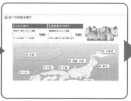
※2020年10月現在